[개정판]
영어학습자와 교사를 위한
영어발음 지도

김형엽·이현구 지음

[개정판]
영어학습자와 교사를 위한
영어발음 지도

© 김형엽·이현구, 2019

1판 1쇄 인쇄__2019년 08월 10일
1판 1쇄 발행__2019년 08월 20일

지은이__김형엽·이현구
펴낸이__홍정표
펴낸곳__글로벌콘텐츠
　　　　등록__제25100-2008-000024호
　　　　이메일__edit@gcbook.co.kr

공급처__(주)글로벌콘텐츠출판그룹
　　　　주소__서울특별시 강동구 풍성로 87-6(성내동)
　　　　전화__02) 488-3280 팩스__02) 488-3281
　　　　홈페이지__http://www.gcbook.co.kr

값 15,000원
ISBN 979-11-5852-251-3　93740

개정판

영어학습자와 교사를 위한

영어발음 지도

김형엽·이현구 지음

글로벌콘텐츠

머리말

학생들이 많이 묻는 질문이 있다. 영어를 잘하는 방법이 있느냐는 말이다. 해마다 듣는 것이지만 항상 흔쾌한 답을 못내는 것도 늘 반복되는 현상이다. 그런데 얼마 전부터 어렴풋이 이런 대답이 어떨까 하는 생각이 들곤 하였다. 언어를 잘하려면 우선 배우려는 언어의 소리에 익숙해져야 한다는 내용이었다.

아마 1995년 정도의 일이라고 기억한다. 수업 시간에 한 학생이 영어는 정말 어렵다고 푸념을 한 적이 있었다. 영어학에 대한 개론 수업이었는데, 그날따라 그 학생의 한숨어린 불평이 갑자기 나의 마음을 파고들었다. 여느 때라면 야단을 치고 말 일이었지만 그날만큼은 나도 모르게 미소가 지어지는 느낌을 지울 수가 없었다. 그리고 그 학생에게 말을 건넸다. 영어가 그렇게 어렵다면, 영어라서 막히는 것인지 아니면 언어는 어떤 것이든 배우기가 어려운 것인지 알아보자고 제안하였다. 학생의 반응은 나의 말이 의외라는 듯한 표정으로 나타났고, 나는 계속 말을 이어갔다. 내가 전혀 알지 못하는 언어 하나를 골라 일정기간 공부해서 지금 자신들이 알고 있는 만큼 숙달된다면 자신들이 기대만큼 영어를 못하는 것은 노력 부족일 뿐 다른 이유가 아니라는 것을 보여주겠다는 내용이었다. 그리고 나는 곧 한 번도 공부한 적이 없던 일본어를 택하여 배우기 시작하였다.

그렇지만 계획은 기대한 바와 너무도 달랐다. 직장인으로서 또 다른 일을 한다는 것 자체가 쉽지 않았을 뿐만 아니라 일본어라는 언어가 점점 산처럼 내 앞에 다가왔기 때문이었다. 영어는 어쩌면 정해진 교과 과정이라서 얼떨결에 시작한 것이지만, 일본어는 스스로 선택한 것이기에 접근조차 용이하질 못하였다. 이런 고민에서 헤매던 어느 날 갑자기 한 가지 생각이 내 머리를 스치고 지나갔다. 비록 중학교 때부터 교과 과정 때문에 영어를 시작하였지만, 비교적 쉽게 접근할 수 있었던 일을 기억해보니 바로 초등학교 6학년 졸업 즈음에 영어를 미리 학습한 사실이 떠올랐다. 당시 운이 좋아서 미국인에게 영어를 배우기 시작하였는데, 비록 중학교 입학을 앞둔 3개월 정도의 방학 기간이었지만, 재미있게 영어의 발음을 배웠던 적이 있었다. 이런 경험이 중학교에서 영어를 수업하는 데 매우 편안하게 접근할 수 있지 않았나 하는 생각이 갑자기 들게 되었다. 그래서 일본어를 단순히 암기 방식에만 의존하여 접근하기보다는 언어의 소리에 익숙해지는 데 집중하기 시작하였다. 즉 발음에 대한 내용을 좀 더 체계적으로 배우기 시작하였다. 일본어와 관련된 녹음과 영상 매체 그리고 일본인과의 만남을 통하여 발음부터 숙달하는 데 시간을 상당히 보내게 되었다.

그리고 1999년 일본에 교환교수로 갔는데, 소리에 대한 익숙함이 언어 장벽으로 일어날 수 있는 많은 불편함을 상당 부분 해결해 주었다. 이런 경험이 바로 영어발음 교재를 써야겠다는 결심을 굳히는 데 중대한 계기가 되었다. 또한 영어를 잘하는 방법을 묻는 질문에 무엇보다도 확신을 가지고 줄 수 있는 대답이 되었다. 물론 소리에 대한 익숙함이 단순히 듣고 보는 것에만 의지한다고 달성되는 것은 아니다. 상당한 시간을 투자한다면 어쩌면 단순 반복으로 문제를 해결할 수는 있겠지만, 현재처럼 한 개인에게 많은 기능이 요구되는 시대에 무작정 반복하는 노력만으로 모든 것을 이루려는 것은 어쩌면 너무 무모하게 보일 수도 있다. 그래서 본 저서를 구상하게 되었다. 어느 학습자라도 빠른 시간 내에 영어발음에 숙달될 수 있도록 저서의 내용을 구성하였고, 학생들이 주어진 체계대로 학습하도록 유도하는 데 모든 노력을 경주하였다. 따라서 기존의 영어음성학 교재를 그대로 따르기 보다는 과감한 구상 전환을 바탕으로 실용적인 목적에 근간을 두어 교재 내용을 선별하였고, 이 내용을 통하여 학습자들이 쉽게 영어발음을 이해할 수 있도록 하였다. 본 저서만의 특징을 내용 별로 들어본다면 다음과 같다.

첫째, 발음 학습법을 다양하게 소개하였다. 발음 숙달의 당위성은 여러 학자들에 의하여 여러 가지 모습으로 제시되고 있음을 보임으로써 학습자로 하여금 자신이 추구하는 목표가 상당한 이론적 토대를 갖추고 있음을 알 수 있게 하고, 스스로 자신감을 갖도록 하는 데 많은 도움을 줄 수 있을 것이다. 또한 자신이 학습 방식을 선택하는 데 한 가지에만 집착하기 보다는 다양한 방식을 접하도록 하여 비교와 검토를 바탕으로 자신만을 위한 영어발음 학습 방식을 선택하도록 하였다.

둘째, 발음을 교육하는 데 과거 음성학에서 발음기호에만 제한하여 발음의 특성과 종류를 설명하였던 것을 넘어서 영어 단어의 철자 구성과 발음의 관계를 정리하여 보여줌으로써 실제로 단어를 보면서 발음을 생각해낼 수 있는 방법을 제안하였다. 대학 교과과정에 오래 전부터 포함되었던 영어음성학은 영어발음을 설명하는 유일한 교과목이었다. 그렇지만 교과 내용은 영어발음을 실질적인 내용을 숙지하게 하기보다는 음성학과 관련된 이론적인 내용을 더 많이 소개하여 결국 발음 자체보다 이론의 암기에 그치는 경우가 대부분이었다. 본 저서는 기존의 이런 문제점을 해결하려는 차원에서 이론 부분을 과감하게 줄이고, 발음을 쉽게 배우게 하려는 목적으로 철자의 구성과 발음을 연관시킴으로써 학생들이 쉽게 영어발음을 배울 수 있도록 하였다.

셋째, 발음에 대한 이해를 돕고 책을 읽는 독자에게 좀 더 흥미를 돋우려는 취지에서 여러 에피소드를 저서 내용에 포함시켰다. 대학을 졸업한 제자들뿐만 아니라 내 자신을 돌아보더라도 영어음성학은 꽤 지루했다는 느낌을 피할 수가 없었다. 설단음, 설측음, 설전음, 설근음 등 생소한 용어를 외우는 것이 너무 어려웠지만, 대부분의 학생들은 영어발음을 학습하기 위해서 이런 생소한 용어들을 왜 암기해야 하는지 이해하지를 못하였다. 본 저서에 에피소드를 넣은 이유는 바로 수업의 단조로움을 잠시 벗어나게 하고, 학생들에게 비록 생소하지만 주어진 용어들을 암기해야 하는 당위성을 설명하려는 의도에서이다. 단순하게 내용을 나열하고 학습자들의 반응을 도외시하기보다는 좀 더 적극적으로 학생들의 관심을 유도하려는 목적으로 여러 내용을 제시한 것이니만큼 많은 도움이 되었으면 하는 마음 간절하다.

이처럼 본 발음교재는 영어음성학을 위한 기존의 교재들과는 매우 다를 것이다. 과거의 저서들이 저자로부터 학습자에게 일방적인 훈계 방식의 일차원적인 수단에 그친 것이라면, 본 저서는 저자와 독자 양쪽이 서로 상호 교류하는 방법으로 구성하려고 노력한 결과라고 할 수 있다. 독자는 영어발음을 배우는 학습자로서 자신이 원하면 언제든지 질문을 던져 볼 수 있고, 그에 대한 대답은 교재 내용과 함께 에피소드를 토대로 자신이 원하는 답을 어디서든 얻어낼 수 있을 것이다. 저자는 학습자들이 스스로 배운 내용을 확인할 수 있도록 여러 각도로 연습문제를 마련하여 학습자 스스로가 자신의 숙달 정도를 측정할 수 있도록 하였다. 이 모든 내용은 여러 학습자들이 본 저서를 학습함으로써 영어발음을 성공적으로 숙지할 수 있도록 하는 데 주된 목적을 두고 있다. 학생들은 본 교재를 좀 더 자세히 공부하여 영어발음에 대한 나름대로의 목표에 도달할 수 있도록 많은 노력을 아끼지 말기를 바라는 바이다.

끝으로 이 책의 상당부분은 필자가 2002년부터 2003년까지 시애틀에 있는 Washington대학교 언어학과에 교환교수로 가있는 동안 이루어진 것인데 이 원고를 당시 박사과정에서 공부를 하고 있었던 윤영도 선생님께서 꼼꼼하게 교정을 봐주시고 코멘트를 해주셨다. 이 자리를 빌어서 다시 한 번 감사를 드린다. 그리고 필자가 이 원고를 안고 한국에 돌아와서 마무리를 하고 난 뒤에 출판사의 사장님께 출판 의뢰를 하였는데 쾌히 허락을 해주셔 이 또한 감사를 드린다. 다른 책도 마찬가지만 특히 음성학 관련 교재는 발음기호와 그림으로 인해 편집하는 분들이 애를 먹는데 이를 편집하느라 고생한 편집부의 편집책임자에게 감사를 드린다. 마지막으로 저자들에게 음성학과 음운론의 폭넓은 지식과 학문 연구 방법뿐만 아니라 삶의 지혜를 가르쳐주신 고려대학교 영어영문학과의 이용재 선생님께 깊은 감사를 드린다. 선생님의 가르침이 없었다면 오늘날 이러한 발음교재가 나오기는 어려웠을 것이다.

2004년 10월 중순
저자들

내용을 조정하면서......

　시간이 꽤 흘렀다. 2005년 이 책을 기획하고 출판하면서 영어음성학의 한 축을 그어보자는 우리들의 호기가 지금도 뇌리에 쟁쟁하게 남아있다. 1990년 미국에서 학위를 마치고 한국으로 돌아오는 비행기에서 이제부터는 음성, 음운에 대하여 나의 역할이 무엇보다도 중요할 것이라는 각오를 다지던 마음이었고, 2000년도에 들어서면서 언어학자로서 음성, 음운론에서의 저술의 꿈을 반드시 실현해보리라는 결의에 찬 결심이었다. 이번에 다시 새롭게 이 머리글을 써가면서 당시 품었던 꿈의 기억들을 하나씩 눈앞에 펼쳐보았다. 이런 마음가짐 속에서 이전에 출판된 책 내용을 읽으면서 과거 쏟으려하였던 노력의 수준이 충분했는지 확신하지 못했던 순간들과 그때마다 느꼈던 후회한 시간들이 적지 않았다. 무엇보다도 전체 구성을 설계하면서 각 장들의 순서 배열 구축에 더욱 꼼꼼하게 매진하지 못하였던 아쉬움이 지금도 진하게 가슴속에 남아 있다. 그리고 독자들에게 이해를 돕기 위해서 첨가하였던 그림, 도표 등의 적정성 부분에 대해서도 확신하기가 쉽지 않았다. 이제 다시 한 번 손을 볼 수 있는 기회가 주어지면서 앞서 가졌던 회한들을 해결할 수 있는 방법들을 재차 고민할 수 있는 계기가 마련되어 매우 다행스럽게 여기고 있다. 다음은 전체 내용 수정을 시도하면서 어떤 부분에 초점을 맞추려 하였는지 해당 사항들을 설명한 사항들이다.

첫째는 책의 수정을 시도하면서 가장 먼저 고민한 바는 바로 전체 구성의 재배열이었다. 제목에서 알 수 있듯이 교사를 위한 영어발음 교재이기는 하지만, 교육적 방법론의 배치가 중점적으로 구축되지 못하였고, 음성의 특성에 대한 설명도 앞뒤로 분리되어 있었으며, 영국 영어 및 미국 영어의 발음에 대한 비교 내용도 위치가 아주 애매하게 배열되어 있었다. 따라서 이런 부족함을 수정하는 차원에서 책 앞에 소리의 특성에 대한 설명을 재배치하고, 이어서 발음을 위한 영어교육 방법을 연결되어 나타나도록 하였으며, 이를 토대로 독자들이 영어발음의 본질을 이해한 이후 교육적 방법론에 접근할 수 있도록 배려하였다. 책 뒷부분에 영국 영어, 미국 영어의 발음 차이점을 배치시킨 이유는 독자들에게 해당 내용을 음성, 음운 핵심 내용이라기보다는 어쩌면 참고 사안으로서 받아들여 주기를 희망하는 의도로 이해해주기 바라는 마음에서이다.

둘째는 이 책의 목적이 여전히 음성, 음운론 부분에 핵심을 두고 있다는 점을 다시금 부각시키려고 노력하였다는 사실이다. 따라서 영어음성에 관련된 특성을 설명하는 부분이 전체 구성의 중심에 놓이도록 하였고, 이에 대한 설명을 좀 더 강화시키려고 노력하였다. 물론 현대 음성학에서 음향음성학 부분이 매우 중요하게 취급되고 있는 것도 사실이지만, 한국에서 공교육 현장을 감안할 때 무작정 최신 방법 흐름만을 쫓으려는 시도에는 수많은 고려 사항들이 우선적으로 전제되어야 한다고 생각한다. 오늘날 대학에서조차도 학생들에게 음성학을 강의할 경우 실험장비 및 도구들을 직접 다루게 하는 기회가 충분하지 못한 상황에서 최신 방법론에 너무 치중한다면 교육 수행의 효율성에 상당한 무리가 있지 않을까 염려가 되기도 한다. 따라서 음성학을 설명하면서 전통적 방법론에 토대를 두면서 영어발음 교육 방식을 제시하는 방향은 지금의 환경을 최대한으로 반영한 결과임을 감안해주었으면 한다.

셋째는 이 책을 애초에 기획하고 완성하는 데 중추 역할을 담당하였던 이현구 교수가 더 이상 직접 의견을 제시할 수 없는 상황이어서 나머지 저자가 전체 내용의 구성 설계를 전담해야만 하였다는 사실이다. 따라서 책의 구성을 재고하는 과정에서 이론적인 측면인 음운론이 부각되지 않을까 하는 걱정을 지우기가 어려웠다. 그래서 이번 수정 과정에는 이런 점을 지양하려는 노력으로 이전 내용에서 음성학 부분에 대한 수정을 가급적 자제하려는 노력이 지속적으로 수반되었다. 그 이유는 이 저서는 애초에 영어발음 지도서로서 기획된 교재였고, 지금도 동일한 목적을 지향하고 있기 때문이다.

지금의 나로서는 재차 출판의 기회를 갖게 되어 그냥 기쁠 따름이다. 물론 저자 모두가 이런 행복감을 같이 나눌 수 없는 입장이지만 여전히 어느 곳에서든지 이런 느낌을 항상 같이 하리라는 믿음을 지금도 굳건히 가슴속에 품고 있다. 그리고 이처럼 본 저서가 세상에 다시 나올 수 있도록 항상 용기를 북돋아 주고, 완성 과정에서 의견을 아끼지 않았던 출판사 관계자 여러분들께 충심으로 감사의 마음을 전하고 싶다.

또 한 사람의 저자

차례

5 영어 이음: 변신과 실체

6 영어 리듬의 기본단위: 음절

7 영어의 강세

8 문장의 발음원리 1: 억양

9 문장의 발음원리 2: 약화, 생략, 축약

10 발음습득 요인과 목표

11 영어교수법에 따른 발음 지도 접근법

12 교실 활동과 발음 지도

13 자기 교정과 자기 감시 전략 개발

14 최근 발음 지도의 방향

15 미국 영어의 방언과 발음

16 미국 영어와 영국 영어발음의 차이

말소리 알기와 음성학

1.1 말소리와 말쏘리를 이해하자

얼마 전 TV를 보면서 재미있는 장면을 발견하게 되었다. 아이들에 대한 교육 프로그램이었는데 진행자는 동물들이 내는 소리를 들려주고는 어떤 동물인지를 택하도록 하는 것이었다. 물론 아이들은 어렵지 않게 동물 그림을 소리에 따라서 잘 선택하였다. 가족들과 그 장면을 보면서 진행자의 발음에 무심코 귀를 기울이게 되었는데, 동물의 이름과 '소리'라는 단어를 연결하면서 만들어지는 발음에 특이한 현상이 있음을 알게 되었다. 동물과 '소리'를 합치게 되면 '소리' 부분이 글자 그대로 '[소리]'로 발음되지만, 동물이 아닌 다른 단어와 연결되면 '소리'가 '[쏘리]'로 바뀌는 것이었다. 동물들 중에서 '개', '참새', '부엉이'를 '개소리, 참새소리, 부엉이소리'로 만들면 '소리'는 모두 '[소리]'로 들리지만, '차', '기차', '비행기'를 '차 소리, 기차 소리, 비행기 소리'로 바꾸면 '소리'가 '[쏘리]'로 바뀌어 발음된다. 그리고 한국어에서는 동물의 명칭 이후에 나오는 단어의 첫 자음을 된소리로 발음하지 않는 현상은 '소리'에만 제한된 것은 아니다. 동물의 명칭을 다른 의미의 단어로 바꾸면 동일한 현상을 보이

는 예들은 쥐구멍[쥐구멍], 귓구멍[귀꾸멍], 소다리[소다리], 상다리
[상따리] 등에서도 볼 수 있다.

　이런 현상은 동물 중에서 인간과 가장 가까운 '말(horse)'과 사람들
이 대화로 사용하는 '말(language)'에 적용해 보아도 같은 결과가 나
온다. 달리는 말을 '말소리(neigh, whinny)'로 바꾸면 '[말소리]'가 되
지만, 사람의 말을 '말소리(human voice)'로 바꾸면 '[말쏘리]'가 된
다. 진행자가 동물들의 울음소리를 들려주면서 계속 '[소리]'로 발음
을 내다가 사람이 내는 소리에서는 갑자기 '[쏘리]'로 발음을 바꾸어
버렸을 때 이런 현상이 전공자인 나에게만 특별한 대상으로 다가왔
고 흥미롭게 여기고 있었지만, 같이 시청하던 가족들에게는 [말소
리]이든 [말쏘리]이든 그 차이에 별반 큰 반응을 보이지는 않았다.

　그렇지만 음성학이라고 명명되는 학문 분야는 당연히 인간이 서
로의 의사소통을 위하여 사용하는 '[말쏘리]'를 연구하는 분야이기
에 '소리'를 발음하는 중에 나타나는 차이점은 매우 중요하다고 생
각한다. 우리가 단순히 '[말소리]'를 연구한다면 음성학이 아니라 동
물학의 한 분야를 관찰하고 설명하려고 하는 것이지만, 이미 밝혔듯
이 달리는 말의 '[소리]'가 음성학 전공자들에게는 중요한 문제가 되
지 못한다.

　아침 일찍 출근을 서두르면서 흔히 듣게 되는 자동차 시동소리
('[시동쏘리]')와 쌀쌀한 가을 아침의 바람소리('[바람쏘리]') 등이 우
리 주변을 가득 채우고 있지만, 소리라고 다 같은 소리란 말인가?
음성을 연구하기 위해서는 쓸데없는 소리인 '[말소리]'와 쓸데 있는
소리인 '[말쏘리]'를 구분할 수 있어야만 한다. 쓸데없는 소리는 우
리에게 전혀 사용될 수 있는 용도가 없으므로 여기서는 굳이 다루지
않겠지 않겠다. 그렇지만 쓸데 있는 소리란 우선 인간의 '[말쏘리]'
이며, 다른 용어로 언어음(speech sound) 정도로 이해하면 될 것이

다. 쓸데 있는 소리는 우리에게 용도가 많으므로 연구할 가치도 충분히 있으며, 이와 같은 쓸데 있는 소리인 '언어음'으로서 연구하는 분야를 음성학(phonetics)이라고 한다.

　세계적인 음성학자 Ladefoged는 음성학이란 세계 언어에서 나타나는 언어음을 기술함과 동시에 언어음들의 성질과 패턴을 규명하고, 이들 언어음들이 어울리는 여러 환경에서 어떻게 변화하는가를 설명하는 분야라고 하였다. 보다 중요한 것은 음성학자들은 입 밖으로 나온 소리가 의미를 갖기 위해서 소리들의 어떤 측면이 언어 행위에 필요한가를 확인해야하기 때문에 인간들이 서로 '말소리[말쏘리]'를 들을 때 상호 어떤 반응을 보이는지에 대해서도 반드시 알아야 한다고 언급하고 있다.

1.2　말소리 생성은 날숨으로부터

　사람들이 언어를 이행하는 과정을 가장 쉽게 알 수 있는 방법은 바로 말소리를 듣는 것이다. 그러나 말소리는 태어나자마자 저절로 형성되는 것은 아니다. 말소리를 확실하게 하는데 상당한 시간이 소요된다는 사실을 설명하고자 얼마 전 광고에 나온 것을 이야기하려고 한다. 한 장면에서 아기가 전화기를 통하여 아빠 목소리를 듣자마자 '아빠·빠·빠…'라고 별로 분명하지 못한 소리를 내자 아기 아버지가 '아빠'를 말한 것으로 생각하고 너무 기뻐하는 장면이 방송된 적이 있었다. 그렇지만 다른 사람이 들을 때 아기가 과연 '아빠'를 정확하게 발음할 줄 알아서 그렇게 말한 것인지 확신하기 어려울 것이다. 그 이유는 아이들은 어릴 적에 외부 상황에 대하여 자신도 알 수 없는 소리를 이용하여 반응하는 경우가 얼마든지 있기 때문이다.

다만 아기 아빠는 자신을 부르는 소리를 듣고 싶은 나머지 아기가 유사한 소리만 내어도 마냥 기쁠 수밖에 없을 것이다.

　이처럼 우리가 일상적으로 사용하는 말소리는 결코 우연히 이루어진 것이 아니다. 말 되는 소리, 즉 쓸데 있는 소리를 올바로 발음하기 위해서 사람의 입은 잠시도 쉬지 않고 많은 노력을 수행해야만 한다. 하지만 엄청난 노력 후에 개별 소리만을 발음할 수 있다고 해서 모든 사람들이 정상적인 말소리를 내는 것은 아니다. 각 소리들의 발음을 산출하는 것 이외에 이들 소리들을 결합시킬 수 있는 능력도 가지고 있어야 한다. 이런 분야를 연구하는 것을 일컬어 음성학에서는 조음음성학(articulatory phonetics)이라고 부른다. 이 분야에서는 인간의 여러 음성기관(organs of speech)에 의해 언어음이 어떻게 조음되는가 하는 즉 그 언어음의 산출을 관찰한다. 19세기 유럽에서는 세계음성기호협회(IPA)가 설립되었으며, 협회에서 음성기호를 통일한 방법 또한 조음적인 방식을 따른 것이다. 조음음성학을 이론적으로 간략하게 정리하면 다음과 같다.

(1) 날숨을 이용한 소리 생성에 초점을 맞춘다.
(2) 턱의 상하 동작이 주요하며 입안에서 아래쪽에 위치 조음기관들이 위쪽으로 향한다.
(3) 아래 쪽 조음기관들은 움직이는 거리를 최소화시킨다.
(4) 음성기관 중 제한된 위치만이 소리를 생성에 참여한다.

　비록 인간이 소리를 만들어낼 때마다 정확하게 같은 장소로만 움직이지는 않고 약간씩의 차이가 있을 수 있다. 그러나 그 정도의 차이는 소리를 만드는 데 결정적인 역할을 하지 못한다. 이처럼 사람이 소리를 만들 때마다 조음기관들을 정확하게 똑같이 움직일 수는 없는 것을 극복하기 위하여 기계를 이용하면 모든 소리에 약간의 차

이가 있음을 찾아내어 동일하게 만들 수 있다

아기가 발음하는 '아빠'라는 소리가 입을 떠나 상대방에게 전달될 때 그 소리가 입 밖으로 나왔다고 해서 무조건 상대방이 알아들을 수 있는 것은 아니다. 왜냐하면 말소리가 전달되기 위해서는 '공기'라는 전달체가 있기 때문이다. 우리의 눈에는 보이지 않지만 소리의 전달 매개체는 공기이고, 공기의 진동을 통해 소리가 전달된다. 그러므로 진공 상태에서는 아무리 소리를 쳐도 들리지 않는다. 요즈음은 과학의 발달로 눈에 보이지 않는 공기 중의 음파와 모양을 눈으로 볼 수 있게 하였다. 음향음성학(acoustic phonetics) 분야에서는 이처럼 소리의 물리적인 성질을 활발히 연구하고 있다. 즉 공기 중의 음파가 어떻게 전하여지는가 하는 언어음의 전이(speech transmission) 과정을 체계적으로 다룬다.

입 밖으로 나온 '아빠'라는 소리는 공기를 타고 상대방 귀에 전달이 된다. 상대방은 이를 지각하고 반응을 나타낸다. 만일 이 소리를 듣고 반응을 보이지 않는 사람이 있다면 오늘 당장 이비인후과나 전문적으로 상담할 수 있는 사람을 만나야 한다. 이비인후과 문제가 아니고 단지 귀로 전달된 소리가 어떻게 이루어지는지 즉, 언어음의 청취(speech reception)에 관심이 있다면 청음음성학(auditory phonetics)을 연구하면 될 것이다. 청각 위주 방법은 감각을 중시하면서 음성을 분류하는 방법으로서 일부 언어에서는 소리를 들리는 느낌에 따라 분류하면서 '탁하다(muddy), 맑다(clear), 어둡다(dark), 가볍다(light)'라는 명칭을 사용하기도 한다. 15세기 조선에서 출판된 《훈민정음해례본》을 보면 바로 앞서 언급한 표현들이 소리를 설명하는데 활용되고 있는 사실을 확인할 수 있다.

위의 세 가지 음성학 분야 중 가장 오래되고, 가장 확립되어 있으면서 관찰이 용이한 분야는 조음음성학이다. 왜냐하면 자기 자신이

나 상대방이 어느 정도 실험대상이 쉽게 될 수 있기 때문이다. 음향
음성학은 1940년대 스펙트로그래프(spectrograph)의 발명 이후로
급속히 발전하였고, 보다 최근에는 컴퓨터의 발전과 더불어 많은 연
구가 진행 중에 있다.

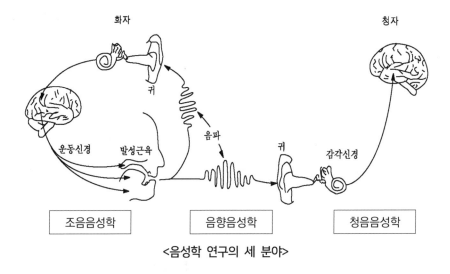

<음성학 연구의 세 분야>

1.3 말소리의 생성과정

발음을 제대로 이해하고 습득하기 위해서는 먼저 우리가 사용하는
말소리가 어떻게 만들어지고 말소리를 만들어내는 데 우리 몸의 어떤
기관들이 필요한가를 이해하는 것이 필요하다. 일반적으로 말소리는
폐에서 밖으로 전달된 공기가 기류를 형성하여 성대를 지나 입이나
코를 통해 나오면서 여러 가지 다양한 소리들이 만들어진다. 즉 말소
리는 다음과 같이 **시동**(initiation), **발성**(phonation), **조음**(articulation)의
세 과정을 통하여 생성된다.

시동	발성	조음

<말소리의 생성과정>

세 단계에 포함된 용어들을 정리하면 다음과 같다.

- 시동: 말소리를 생성하는데 출발점이 되는 폐를 지칭한다. 일반적
으로 소리의 크기는 폐에서 공기를 미는 힘에 따라 달라진
다. 즉 폐에서 밀어내는 공기의 양이 많으면 큰 소리가 만들
어지고, 적으면 작은 소리가 만들어진다.

- 발성: 폐에서 나온 기류는 후두 속에 있는 성대(vocal cords)를 통
하여 소리가 난다. 이때 성대가 진동하여 소리가 만들어지
면 **유성음**(voiced sound)이 되고, 그렇지 않으면 **무성음**
(voiceless sound)이 된다. 또한 성대의 진동수에 따라 **소리의
높낮이**(pitch)가 결정되는데, 성대의 진동수가 많을수록 높은
음이 만들어진다. 사람의 경우 아동, 여성 등이 대체로 높은
음역의 소리 특성을 보인다.

- 조음: 폐와 성대를 거쳐서 나온 공기는 인두를 지나 입이나 구강
을 통하여 빠져 나온다. 이때 조음기관인 인두, 구강, 비강
의 모양과 위치에 따라 여러 가지 다양한 인간의 말소리가
생성된다.

소리의 출발점인 폐와 흐름 부위인 기도 부분을 가리켜 호흡기관
(respiratory organ)이라고 하고, 발성과 관련된 후두의 성대 부분을
가리켜 발성기관(phonatory organ)이라고 하며, 폐와 성대를 거쳐서

나온 공기가 인두를 지나 구강을 통하여 빠져 나오는 부분인 인두, 구강, 비강을 가리켜 조음기관(articulatory organ)이라고 한다. 조음 기관의 모양과 위치에 따라 여러 가지 다양한 인간의 말소리가 생성 된다.

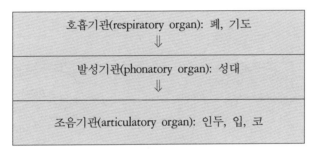

<소리 생성 단계>

1.4 조음기관

여러 가지 다양한 말소리는 조음기관의 성도(vocal tract)에 해당하는 인두, 입, 코의 모양과 위치에 따라 생성된다. 그림의 성도 명칭을 알아두는 것은 발음원리와 방법을 이해하는데 필요한 사항이다.

성도의 윗면은 윗입술, 윗니, 치경, 경구개, 연구개, 목젖으로 되어 있다. 성도의 아랫면은 아랫입술, 아랫니, 혀끝, 설단, 전설, 중설, 후설, 설근으로 되어있다. 이 가운데서 여러 가지 다양한 소리를 만드는데 가장 중요한 역할을 하는 것은 혀이다. 특히 모음은 혀의 높낮이와 혀의 앞뒤 위치에 의해서 여러 가지 다양한 소리가 만들어지며, 자음 또한 혀의 위치에 따라 소리가 달라진다. 혀의 높낮이의 기준은 우리가 평소에 말을 하지 않고 가만히 입을 다물고 있을 때 혀의 앞부분이 아랫니 뒤쪽에 붙어 있는 중립위치를 기준으로 한다. 혀가 입천장에 가까우면 고모음이 되고 중립위치에서 내려가면 저모음이 되며 중립위치에 있으면 중모음이 된다. 혀의 앞 뒤 위치에 따라 혀의 앞부분에서 소리가 만들어지면 전설모음이 되고, 혀의 중간부분에서는 중설모음, 뒷부분에서는 후설모음이 만들어진다.

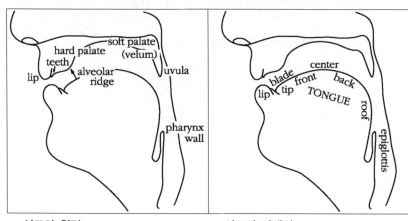

<성도의 윗면>
(1) 윗입술(upper lip)
(2) 윗니(upper teeth)
(3) 치경(alveolar ridge)
(4) 경구개(hard palate)
(5) 연구개(soft palate or velum)
(6) 목젖(uvula)

<성도의 아랫면>
(1) 아랫입술(lower lip)
(2) 아랫니(lower teeth)
(3) 혀끝(tip)
(4) 설단(blade)
(5) 전설(front)
(6) 중설(central)
(7) 후설(back)
(8) 설근(root)

2 발음과 철자

영어학습자는 발음과 철자의 상호관계성을 이해하는 것이 필요하다. 그 이유는 첫째, 철자로 적힌 단어의 발음을 예측할 수 있고, 둘째, 발음을 근거로 해서 단어의 철자를 쓸 수 있기 때문이다.

영어의 철자체계는 종종 영어의 발음에 영향을 미치고 그 반대로 영어의 발음이 영어의 철자에 영향을 미치기도 한다. 예를 들어 주변에서 모국어 화자이든 아니든 영어를 사용하는 사람들로부터 "영어에는 모음이 5개가 있다" 또는 "뒤에 나오는 철자에 따라 부정관사 a나 an을 사용한다"라는 말을 종종 듣는다. 이는 영어 철자체계가 영어의 발음 체계에 어떻게 영향을 미치고 있는가를 보여주는 경우이다. 한편, 영어 원어민들은 photograph 대신에 photagraph로, grammar 대신에 grammer로 철자를 쓰기도 하고 비원이민들은 green을 grin으로, writing을 writting으로, right을 light로 쓰기도 한다. 이는 모두 영어발음이 영어 철자에 영향을 미치고 있는 것을 보여 준다. 특히 한국 영어학습자의 잘못된 철자는 영어의 음 체계를 제대로 파악하고 있지 않을 뿐만 아니라 영어의 철자법을 확실하게 이해하지 못하는 데서 기인한다.

2.1 알파벳의 발음

영어의 발음과 철자 간의 가장 기본적인 상호 관계성은 영어의 알파벳의 발음이다. 영어 알파벳은 이름이나 기본적인 정보를 전달할 때 많이 사용되는데 이를 제대로 발음하는 영어학습자가 생각보다 많지 않다.

우선 영어 알파벳들을 각자 명칭에 포함되는 모음 종류에 따라서 크게 5개의 그룹으로 구분되며, 'O'와 'R' 두 개의 철자가 분류에 들지 않고 남게 된다. 영국 영어와 미국 영어 사이에 두드러진 차이 중 하나가 바로 명칭을 읽을 때 모음의 선택에 반영되기도 한다. 'Z'는 미국 영어에서 /iy/ 그룹에 속하여 /ziy/로 발음되지만, 영국 영어에서는 /ɛ/ 그룹에 속하여 /zɛd/로 발음하는 상황에서 두 영어 방식의 차이를 일부 확인할 수 있다.

   (1) /iy/   그룹: B, C, D, E, G, P, T, V, Z
   (2) /ɛ/   그룹: F, L, M, N, S, X
   (3) /ey/   그룹: A, H, J, K
   (4) /yuw/ 그룹: Q, U, W
   (5) /ay/   그룹: I, Y

영어학습자가 영어의 알파벳을 정확하면서 분명하게 발음하는 것이 중요하다. 그 이유는 대화를 하는 중에 서로가 상대방의 성명 또는 특정 단어를 다시 한 번 확인해달라고 요구받는 경우에 알파벳 발음을 활용하기 때문이다. 이 때 영어 알파벳에 대한 발음이 부정확하면 대화에서 의미전달에 어려움이 발생할 수 있다.

2.1.1 영어의 자음과 발음 간의 관계

영어 철자 중에서 자음에 해당하는 대상 중에서 'c, g, q, x'는 다른 자음들과는 달리 둘 이상의 발음을 가지고 있다.

2.1.1.1 철자 c의 발음
철자 'c'는 환경에 따라 /k/나 /s/로 발음된다.

/k/로 발음되는 경우는
- 모음 a, o, u 앞에 올 때 (<예> cat, coat, cut)
- 자음 앞에 올 때 (<예> clean, crime)
- 단어 끝에 올 때 (<예> tic, chic, zinc)

/s/로 발음되는 경우는
- 모음 i, y, e 앞에 올 때 (<예> city, cyst, cede, ice, piece).

이러한 규칙이 적용되는 예를 살펴보면 다음과 같다.

c + e, i, y = /s/	Elsewhere: c = /k/
electricity	electric
romanticism	romantic
criticize	critical
produce	production
deduce	deduction
innocent	innocuous
cylinder	cycle

2.1.1.2 철자 g의 발음
철자 'g' 또한 환경에 따라 /g/와 /ʤ/로 발음된다.

/g/로 발음되는 경우는
- 자음 앞에 올 때 (<예> glee, grass, grumpy)
- 모음 a, o, u 앞에 올 때 (<예> gas, go, gun)
- 단어 끝에 올 때 (<예> log, bag)

/ʤ/로 발음되는 경우는
- 모음 e, i, y 앞에 올 때 (<예> gentle, giant, gyro, gesture)

그러나 get이나 give처럼 모음 'e, i, y' 앞에 올 때 'g'가 /g/로 발음
되는 경우가 있는데 이는 독일어에 유래한 단어들인 경우이다. 이러
한 규칙이 적용되는 예를 살펴보면 다음과 같다.

g + e, i, y = /ʤ/	Elsewhere g = /g/
analogy	analog(ue)
sage	sagacity
dialogist	dialog(ue)
prodigious	prodigal
ideology	ideolog(ue)

일부 영어 단어에서 beige, rouge, loge처럼 끝에 '-ge'를 갖고 있는
경우에 'g'가 /ʤ/로 발음되지 않고 /ʒ/로 발음되는데 이는 불어에서
유래한 것으로 불어 발음 /ʒ/를 그대로 갖고 있는 경우이다. 그러나
영국 영어에서는 이러한 단어들의 경우 첫 음절에 강세를 주고 단어
끝에 오는 '-ge'의 'g'를 /ʤ/로 발음하는 것을 표준으로 삼고 있다.

2.1.1.3 철자 q의 발음

철자 'q'는 /kw/와 /k/로 발음된다.

/kw/로 발음되는 경우는
- 'q' 다음에 'u'가 모음 앞에 올 때 (<예> quite, queen)

/k/로 발음되는 경우는
- 불어나 로맨스어에서 기원한 단어들의 경우 (<예> clique, pique, mosquito, conquer)

2.1.1.4 철자 x 발음

'x'는 /ks/ 혹은 /gz/로 발음된다.

/ks/로 발음되는 경우는
- 단어 중간과 마지막에 올 때 (<예> extra, box, fix)

/gz/로 발음되는 경우는
- 강세 음절 앞에 또는 모음과 모음 사이에 올 때 (<예> xylophone, xenophobia, example, exit)

2.1.2 묵음이 되는 자음

두 개의 자음이 어두에 오는 경우 첫 번째 오는 자음이 묵음이 되는 경우가 있다. 그 이유는 다음과 같다.

(1) 역사적인 변화를 통하여 음을 상실한 경우
(2) 외국어가 영어에 들어와서 영어의 자음 군에 목록에 맞지 않아서 수정된 경우

다음 어두에 오는 'k, g, p, m' 등이 뒤에 'n'과 함께 오는 경우에 묵음이 된다. 즉, 'kn-, gn-, pn-, mn-' 등은 모두 어두에 오는 'k, g, p, m' 등이 묵음이 되어 /n/으로만 발음된다. 아래에서 '#' 표시는 단어경계를 나타내며, 단어 시작 부분을 가리킨다.

(1) # kn- → /n/: knock, knee, knack

(2) # gn- → /n/: gnat, gnash, gnome

(3) # pn- → /n/: pneumatic, pneumonia

(4) # mn- → /n/: mnemonic, mnemonomy

이외에도 어두에 오는 'ps-'와 'wr-'에서도 각각 'p'와 'w'가 묵음이 된다. 주어진 경계표시는 같은 기능을 가리킨다.

(5) # ps- → /s/: psychic, psychology, psalm

(6) # wr- → /r/: write, wrong

자음의 철자들이 묵음이 되는 환경은 단어 처음보다는 음절말과 단어 중간 위치에서 더 많이 일어난다. 다음을 살펴보자.

(7) 'l'이 'a' 다음에 오고 'f/v, k, m' 앞에 오는 경우 묵음이 된다.
  (예) half, calf, walk, talk, chalk, calm, balm, palm
  그러나 'l' 앞에 'a' 이외 모음이 있으면 elf, solve처럼 'l'이 묵음이
  되지 않는다.

(8) 조동사에서 'l'이 모음 다음에 오고 'd' 앞에 오는 경우 묵음이 된다.
　　(예) could, would, should
　　　　그러나 조동사가 아닌 경우에는 cold나 held처럼 /l/과 /d/가 모두
　　　　발음된다.

(9) 단어 끝에 비음이 오고 앞에 'g'가 모음 다음에 오는 경우에 'g'가 묵음
　　이 된다.
　　(예) sign, align, paradigm

(10) 'm' 다음에 단어 끝에 오는 'b'는 묵음이 된다.
　　(예) comb, thumb, lamb, bomb

(11) 'm' 다음에 단어 끝에 오는 'n'은 묵음이 된다.
　　(예) damn, autumn, column

　위에서 살펴본 묵음이 되는 자음들이 단어 중간에 오는 경우에 발음이 되기도 한다. 즉 단어에 파생접사가 첨가되는 경우에 재음절화 (resyllabification)를 통하여 첫 음절의 종성에 속하던 음이 다음 음절의 초성에 속하는 경우에 발음이 된다. 예를 들어 bomb에서 단어 끝에 오는 'b'는 음절 종성에 있지만 여기에 파생접미사 '-ard'가 붙어서 bombard가 되면 bom·bard('·' 표식은 음절경계를 나타냄)가 되어 bomb의 끝에 오는 'b'가 두 번째 음절의 초성에 위치하여 발음이 된다. 재음절화에 의하여 묵음이 되었던 음이 발음이 되는 경우를 살펴보면 다음과 같다.

/m/	/mb/	/m/	/mn/
bomb	bombard	autumn	autumnal
crumb	crumble	damn	damnation
thumb	thimble	condemn	condemnation
		solemn	solemnity

/m/	/gm/	/n/	/gn/
paradigm	paradigmatic	sign	signify
phlegm	phlegmatic	malign	malignant
diaphragm	diaphragmatic	design	designation
		gnostic	agnostic

다음은 어원적으로 관련된 단어들의 경우이다.

/n/	/kn/	/s/	/sk/
know	acknowledge	muscle	muscular

2.2 철자에 따른 강세 위치

영어의 강세 위치는 고정되어 있지 않아서 이에 대한 위치를 규칙
으로 나타내기에는 어려움이 있다. 그러나 일부 강세 위치는 예측이
가능하다. 그 중의 하나가 철자를 통한 강세 위치 파악인데,
Dickerson(1981, 1987b, 1989a, 1989b, 1994b)이 이에 대한 규칙
을 제시하였다. 그는 iV 연속체('i'와 또 다른 모음)의 접미사로 로
끝나는 단어의 경우 iV 연속체 왼쪽에 강세가 있다는 것을 만여 개
의 다양한 단어들을 대상으로 조사해서 그 규칙을 찾아냈다. 여기서
'i' 다음에 오는 모음은 '-ion, -ian, -ial, -ious, -ia, -io, -ium, -ius' 등
에서 'a, o, u'를 말한다. 이 구조에서 iV 연속체 왼쪽에 있는 음절을
'키 음절(key syllable)'이라고 부르고 키 음절이 강하게 강세를 받는

다. 여기서 '키'가 가리키는 의미는 강세의 위치를 알려 준다는 의미에서 붙여진 것이라고 볼 수 있다. 이에 근거하여 강세규칙을 나타내면 다음과 같다.

> **강세규칙:** -VCi + on/an/ous/a/o/um/us에서 i 왼쪽에 있는 V에 강세를 준다.

다음은 위의 강세 규칙이 적용된 예들이며, 표시된 고딕체 대문자는 강세 음절을 가리킨다.

AS·ia	LES·ion	NOX·ious
aph·AS·ia	co·HES·ion	ob·NOX·ious
poly·NES·ia	oper·AT·ion	su·per·CIL·ious

2.2.1 약 어미로 끝나는 다음절 단어의 강세

다음절 단어(polysyllabic words)의 철자로부터 '약 접미사' 혹은 '약 어미(weak endings)'로 끝나는 경우에 강세 위치를 예측할 수 있는 2개의 규칙을 생각해볼 수 있다. 여기서 '약 어미'란 '-al, -an, -ance, -ancy, -ant, -en(noun), -ence, -ency, -ent, -ide, -is, -ite, -oid, -on, -um, -us' 등에 속하는 접미사들을 가리킨다. 이들은 앞에서 살펴본 iV 군의 어미들 이외의 다른 어미들을 포함하고 있다.

(1) 약 어미 앞에 단지 1음절이 오면, 바로 그 음절이 강세를 받는다. 만일 그 음절이 (C)VC 철자 패턴이고 모음이 이완 모음(lax vowel)일 때 약 어미가 첨가되면 해당 음절에 있던 모음은 긴장 모

음(tense vowel)이 된다. 이는 마치 cake처럼 단어 끝에 오는 묵음 'e'
가 앞에 모음 'a'를 길게 하는 것처럼 앞에 있는 음절의 모음을 장모
음화(long vowel)시킨다. 다음의 예를 살펴보자.

CVC	CVC + 약 어미
(여기서 모음은 이완 모음)	(약 어미가 첨가되면 첫음절 모음은 긴장 모음)
sin	sin + us
pot	pot + ent
cub	cub+ oid
leg	leg + al
fat	fat + al

(2) 두 번째 규칙은 약 어미 왼쪽에 두 개 이상의 음절이 있을 때
키 음절은 모음 철자로 시작된다. 키 음절이 V나 VC로 철자가 이루
어져 있으면 강세는 왼쪽에 있는 음절에 온다. 즉 키 음절 왼쪽에
강세가 온다. 왼쪽에 있는 음절의 모음은 이완 모음들이다. 이때 철
자 'u'를 갖고 있는 음절의 모음은 긴장 모음이므로 예외이다. 다음
을 살펴보자.

V 키 음절	VC 키 음절	왼쪽에 "u"를 갖고 있는 VC 키 음절
GRAD·ⓤ·al	a·NAL·ys·is	NUM·er·ous
STREN·ⓤ·ous	MED·ic·al	a·LUM·in·um
con·TIN·ⓤ·um	MIL·it·ant	PUN·it·ive

(3) 키 음절이 VV(C) 혹은 VCC(즉 V나 VC가 아니고)이면 키 음
절이 강한 강세를 갖으며, 이때 VV(C)에서는 모음이 긴장 모음이고,
VCC에서는 모음이 이완 모음이다. 다음의 예를 살펴보자.

VV(C) 키 음절(긴장 모음)	VCC 키 음절(이완 모음)
flamb·OY·ant	ab·YSM·al
am·OEB·oid	pat·ERN·al
thes·AUR·us	syn·OPS·is

2.2.2 -y로 끝나는 단어의 강세

●●●●

단어들 중 '-y'로 끝나는 단어의 경우 '-y' 왼쪽의 음절이 키 음절이고, 키 음절 왼쪽에 강세를 주는 규칙이 있다. 이때 키 음절에는 강세가 없다. 다음을 살펴보자.

단어	비강세 음절	강세 음절	비강세 키 음절	-y
vanity	VAN	it	y	
profanity	pro	FAN	it	y
melody	MEL	od	y	
energy	EN	erg	y	
anomaly	a	NOM	al	y
deity	DE	it	y	
laity	LA	it	y	
poetry	PO	etr	y	

이 규칙은 '-y'가 약 어미 앞에서 '-i'로 되는 경우에도 적용된다. 다음을 살펴보자.

단어	비강세 음절	강세 음절	비강세 키 음절 i + 약 어미
melodies	MEL	od	ies
modifier	MOD	if	ier
indemnities	DEMN	it	ies

3 영어의 자음

말소리가 둘로 분리되는 것은 폐에서 나오는 공기의 흐름이 방해를 받느냐 받지 않느냐에 따른다. 비교적 공기가 자유롭게 흘러나와 만들어지면 모음이 되고, 조금이라도 방해를 받으면서 만들어지면 자음이 된다.

3.1　자음 알기

일반적으로 우리가 사용하는 말소리는 둘로 분류가 된다. 하나는 자음으로 다른 하나는 모음으로 나뉜다. 말소리를 자음과 모음으로 나누는 근거는 폐에서 기류가 조음기관을 통해서 나올 때 방해를 받느냐와 받지 않느냐에 따라 구분된다. 기류가 방해를 받지 않으면서 만들어지는 소리는 모음으로 분류되고, 조금이라도 방해를 받으면 자음으로 분류된다. 자음은 다음의 기준들로 다시 분류할 수 있다.

· **조음위치**: 소리가 입안 어디에서 만들어지는가.
· **조음방법**: 입안에서 공기가 어떻게 방해를 받는가.
· **성대진동**: 성대 진동유무가 어찌 되는가.

3.1.1 조음장소에 따른 자음 분류

자음을 분류하는 한 가지 방법은 음이 입안 어디에서 생성되는가를 보는 것이다. 앞에서 폐에서 올라온 공기가 조음장소들인 입술, 치아, 치경, 경구개, 연구개, 성문 등에서 장애를 받아 음이 생성되며, 그 장애를 받아 생성된 음은 그 부위에 따라 명칭이 붙여진다고 하였다. 이제 장애를 받는 그 장소에 따라 구체적으로 어떤 음들이 있는지 살펴보도록 하자.

(1) 양순음(bilabial)

pie, bye, man, what 같은 단어의 어두에서 보듯이 이 자음들은 모두 아랫입술이 윗입술에 맞닿아 입을 완전 폐쇄한 다음 입이나 코로 공기를 한꺼번에 내보내는 터트리는 방식으로 만드는 음이며 [p], [b], [m], [w]가 있다.

(2) 순치음(labiodental)

five, video 같은 단어의 어두에 오는 자음으로, 윗니를 아랫입술에 살짝 닿게 하여 내는 음이며, [f], [v]가 있다.

(3) 치음(dental)

this, they 같은 단어의 어두에 오는 자음으로, 설첨(혀끝)을 윗니와 아랫니 사이에 내밀어 내는 음이다. 이 때문에 치음을 치간음 (interdental)이라고 한다. 여기에 해당하는 자음으로는 [θ], [ð]가 있다.

(4) 치경음(alveolar)

ten, deep, sky, zero, night, lay, right 같은 단어의 어두에 오는 자

음으로, 설첨 또는 설단을 치경에 닿거나 접근시켜 내는 음이며, 해당 자음으로는 [t], [d], [s], [z], [n], [l], [r]이 있다. 여기서 [r]의 경우는 학자에 따라서 경구개(palatal)에 포함시키기도 한다.

(5) 경구개 치경음(palato-alveolar)

she, judge, chair 같은 단어의 어두에 오거나 vision에서 밑줄 친 부분에 나타나는 자음으로, 설단을 치경과 경구개의 경계 부분에 가까이 접근시키는 동시에 전설 부분을 경구개에 가까이 접근하여 내는 음이며, 해당 자음으로는 [ʃ], [ʒ], [dʒ], [tʃ]가 있다.

(6) 경구개음(palatal)

yes, yacht 같은 단어의 어두에 나타나는 자음으로, 전설 부분이 경구개에 가까이 접근하여 내는 음이며, 해당하는 자음으로 [j]가 있다.

(7) 연구개음(velar)

king, good 같은 단어의 어두와 sing의 어말에 나타나는 자음으로 후설을 연구개에 닿게 하여 공기를 완전 폐쇄한 다음 후설을 낮추어 입 또는 코로 공기를 방출하여 내는 음이다. 이에 해당하는 음으로는 [k], [g], [ŋ] 등이 있다.

(8) 성문음(glottal)

high의 어두와 beaten의 밑줄 친 부분에서 나타나는 자음으로, 조개 부분을 연상케 하는 두 개의 성대(vocal cords)가 벌어지고 오므라짐으로 성문이 마찰되거나 폐쇄되어 나는 음이다. 해당하는 자음은 [h], [ʔ]이 있다.

3.1.2 조음방식에 의한 자음 분류

발음을 기술하고 분류하는 방법으로 앞에서 조음장소에 관해 살펴보았다. 그러나 조음장소에 의한 분류로는 불충분하다. 위치가 아닌 조음방식으로 음을 분류하기 위해서는 기본적으로 세 단계를 감안해야 한다. 첫째는 동일한 조음장소에서라도 어떤 방식으로 방해를 받는가에 따라 폐쇄시키거나 터트린다든지 또는 마찰시키는 등의 방식에 따라 아주 다른 음이 만들어진다. 둘째 단계는 성대가 진동하는지 그렇지 않은지를 보는 것이다. 두 성대 근육이 서로 가까이 인접하면 진동이 되어 유성음이 되고 그렇지 않으면 무성음이 된다. 세 번째 단계는 발성된 소리가 어떤 통로를 통해 나가는가를 보는 것이다. 즉 조음된 음이 입으로 나가면 구강음(oral sound)이 되고, 코로 나가면 비음(nasal sound)이 된다. 이제 좀 더 구체적으로 어떤 방식에 의해 자음이 어떻게 분류되는지 살펴본다.

(1) 폐쇄음(stop) 또는 파열음(plosive))
pen, bat, take, dead, king, gas 같은 단어의 어두에 나타나는 음으로서 폐에서 올라온 공기를 입안에서 어느 지점에서 완전히 막아(폐쇄시켜) 압축된 공기를 갑자기 터트려(파열시켜) 내는 음을 말한다. 이러한 이유로 폐쇄음이라고도 하고 파열음이라고도 한다. 이에 해당하는 음으로는 [p], [b], [t], [d], [k], [g]가 있다.

(2) 마찰음(fricative)
five, vice, think, this, see, zoo, ship, pleasure 같은 단어의 어두에 나타나거나 밑줄 친 부분에 나타나는 음으로서 입안의 조음기관을 조음점에 아주 가까이 접근시킴으로 생긴 좁은 통로를 통해 폐에서 올라온 공기가 지나가면서 마찰이 이루어져 나는 음을 말한다. 이에 해당하는 음으로는 [f], [v], [θ], [ð], [s], [z], [ʃ], [ʒ]가 있다.

(3) 파찰음(affricate)

church, judge 같은 단어의 어두와 어말에서 나타나는 음으로서, 폐쇄음으로 시작하여 마찰음으로 끝나는 음이다. 폐에서 올라온 공기가 일단 입안에서 일차적으로 폐쇄가 된 다음 곧바로 마찰이 동시적으로 이루어져 입 밖으로 음이 폐쇄음보다 지연되어 방출되는 음을 말한다. 이에 해당하는 음으로는 [ʧ], [ʤ]가 있다. 다만 파찰음을 두 개의 분절음으로 볼 수 없는 이유가 있는데 다음과 같다.

(a) 파찰음은 두 개의 소리가 연속된 것이 아니며 하나의 분절음이다.
(b) 영어에서는 폐쇄음과 치찰음이 연속된 것을 찾을 수 없으며 단지 구절이 구성될 때 폐쇄음, 치찰음의 연속적 구성이 나타날 수 있다.

(eg) Why choose   [h w a y t ʃ u z]
                 | | | | | | | |
white shoes   [h w a y t ʃ u z]

만일 파찰음을 두 개의 연속된 분절음 구조로 본다면 위 예의 'ʧ'에서는 't'와 'ʃ'가 아래의 't'와 'ʃ'와 일치되어야 한다. 이와 같은 상황에서는 위와 아래의 예들을 소리에만 의지한다면 두 내용을 듣는 것만으로도 구분할 수 없어야 한다는 결론에 이르게 된다. 그러나 청자들의 경우 위 예들이 다른 의미의 구절임을 듣는 것만으로도 충분히 구분한다. 이 사실은 'ʧ' 내의 't'와 'ʃ'가 분리된 소리가 아니라 하나의 소리임을 가리키는 것이다.

(4) 비음(nasal)

mail, nice, so**ng** 같은 단어에서 어두나 밑줄 친 어말에 나타나는
음이다. 폐에서 올라온 공기가 입안의 어떤 부위에서 폐쇄가 된 다
음 목젖을 포함한 연구개를 아래로 낮춤으로써 비강을 통해 공기가
나가게 하여 내는 음을 말한다. 이에 해당하는 음으로는 [m], [n],
[ŋ]이 있다.

(5) 설측음(lateral)

lake, like 같은 단어의 어두에서 나타나는 음이다. 혀 앞쪽 설첨을
치경에 닿게 하여 공기가 입안의 중앙에서 차단되게 한 후 혀의 한
쪽 또는 양쪽을 낮춤으로 공기가 어느 한 쪽으로 빠져나가게 하여
내는 음을 말한다. 이 설측음의 특징은 입안에서 장애는 받지만 마
찰이 일어날 정도는 아니며, 계속해서 낼 수 있는 음이라는 점이다.
영어에서 설측음은 [l] 뿐이다.

(6) 전이음(glide) 또는 반모음(semivowel)

you, week 같은 단어의 어두에서 나타나는 음으로서 한 모음에서
인접한 다른 모음으로 이동하면서 나는 음이며 전이음에 해당하는
음은 [j](＝[y]), [w]가 있다. 그리고 전이음을 때로는 반모음이라고
도 하는데 그 이유는 전이음이 조음의 입장에서만 보면 모음에 속하
기 때문이다. 그러나 그 기능은 자음과 같다. 전이음은 어느 한 지점
에서 조음이 시작되면 조음 기관이 그 자리에 머물러 있지 않고 곧
뒤따르는 음으로 미끄러져 가는 점이 특징이며, 영어에서는 주로 이
중모음인 [ay], [aw] 등에서 볼 수 있다.

(7) 접근음(approximant)

접근음이란 두 조음 기관이 마찰은 아니지만 비교적 가까이 접근하여 나는 음을 말한다. 하지만 조음방식에서는 다시 두 부류로 구분된다: [r], [j], [w] 등은 공기가 입안의 중앙을 통과하여 나기 때문에 중앙접근음(central approximant)라고 하고, [l]은 공기가 중앙에서 장애를 받아 혀의 측면을 통과하여 발음되기 때문에 설측접근음(lateral approximant)라고 한다.

(8) 장애음(obstruent)과 공명음(sonorant)

음향학적으로 분석할 때, 자음 중 폐쇄음, 마찰음, 파찰음을 장애음으로 분류한다. 그 이유는 성대의 진동유무에 따라 유성과 무성의 대립을 가지며, 폐에서 올라온 공기가 많은 장애를 받아 소음(noise)을 내는 좀 시끄러운 음을 내기 때문이다. 이에 반해 공명음(sonorant)은 공기가 그다지 장애를 받지 않으며, 언제나 성대가 진동하는 유성음인데 [m, n, ŋ, l, r, j, w], 그리고 모음이 이에 속한다.

(9) 치찰음(sibilant)

치찰음(sibilant)은 다른 음보다 소리가 거칠고 강하며, 발음이 아래에서 위로 치켜 올라가는 경향이 있는 음을 가리킨다. 소위 쇳소리가 나는 것을 말하는데, 치찰음에는 마찰음 중에 [s, z, ʃ, ʒ]와 파찰음이 포함된다.

지금까지 살펴본 자음을 도표로 나타내면 다음과 같다. 이 도표는 Celce-Murcia(2002: 47)를 참조하였다.

CLASSIFICATION OF NAE CONSONANT PHONEMES							
Manner of Articulation	Place of Articulation						
	Bilabial	Labiodental	Dental	alveolar	Palatal	Velar	Glottal
Stop voiceless voiced	/p/ /b/			/t/ /d/		/k/ /g/	
Fricative voiceless voiced		/f/ /v/	/θ/ /ð/	/s/ /z/	/ʃ/ /ʒ/		/h/
Affricate voiceless voiced					/tʃ/ /dʒ/		
Nasal voiced	/m/			/n/		/ŋ/	
Liquid voiced				/l/ (/r/)	/r/	/ɫ/	
Glide voiceless voiced	(/hw/)* /w/				/y/		

위 도표에서 /hw/ 영어모국어 화자들이 <u>wh</u>ich와 <u>w</u>itch 등을 발음할 때 'w'로 동일하게 나타나는 형태에 기초하여 ( )표식을 첨가시켰다. 그러나 일부 학자들은 'w' 발음이 <u>wh</u>ether과 같은 특정 단어에만 나타나며, 'what'을 놀라움 등의 강한 표현에서 /hw/이 발음되는 "what?"의 예를 들어 이 발음표기의 필요성을 제기하였다.

3.2 한국 영어학습자에게 어려운 자음

한국 영어학습자들이 영어를 습득하는 경우 발음하기 어려운 대상들을 정리하면 한국어 자음에 속하지 않아서 발음하기가 어렵거나 혹은 청취 식별 자체가 난해한 대상들이다.

- 발음이 어려운 자음 (마찰음 및 유음 종류)
  /f/, /v/, /θ/, /ð/, /z/, /ʒ/, /ʤ/, /r/, /l/

- 식별이 용이하지 않은 자음
  /p/-/f/, /b/-/v/, /s/-/θ/, /d/-/ð/, /z/-/ʒ/-/ʤ/, /l/-/r/

3.2.1 /p/ in pin : /f/ in fin

다음 /p/와 /f/의 입 모양, 조음위치, 조음방식을 살펴보자.

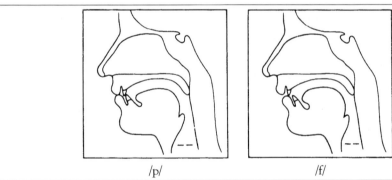

	/p/	/f/
조음위치	양 입술	윗니를 아랫입술에 살짝 댄다.
조음방식	공기를 파열시킨다	공기를 마찰시킨다
성대진동	성대가 진동하지 않음	성대가 진동하지 않음
분절음 명칭	무성 양순 폐쇄음 (voiceless bilabial stop)	무성 순치 마찰음 (voiceless labiodental fricative)

/p/와 /f/의 발음

/p/: 양 입술을 다문 상태에서 입안의 공기를 가득 담고 있다가 순간
   적으로 양 입술을 통해 공기를 밖으로 터트리면서 소리를 낸다.

이때 성대가 떨려서는 안 된다. 이를 무성 양순 폐쇄음(voiceless bilabial stop)이라고 한다.

/f/: 윗니를 아랫입술에 살짝 대고 성대를 울리지 않은 상태에서 공기를 밖으로 밀어내며 마찰을 일으켜 내는 소리이다. 윗니를 아랫입술에 대고 마찰을 일으킨다 하여 무성 순치 마찰음(voiceless labiodental fricative)이라고 한다. 마찰음 /f/는 한국어의 자음에 없는 음으로써 한국 영어학습자에게는 이를 정확하게 발음하고 식별하는 것이 쉽지 않다.

Episode

[포크]가 정말 헷갈려……

미국에서 식당에 갔다. 식탁을 보니 포크는 없고 스푼만 있었다. 종업원을 불러 '포크'를 달라고 했다. 그러자 정말 어이없는 일이 벌어졌다. 종업원은 메뉴 그림에서 고기 덩어리를 가리키고 있었다. 사실은 식사 도구를 요청한 말인데 말이다. 정말 어리둥절한 일이었다. 종업원에게 식탁의 수저를 가리키면서 손가락으로 표현을 하자 내가 원하던 식사 도구인 '포크'를 갖다 주었다. 'f'를 확실하게 발음하지 못해서 갑자기 돼지고기 pork의 'p'가 돼버린 황망한 경험이었다.

Exercise

A. 다음 예의 발음을 연습해보시오.

1. pail   fail
2. pat   fat
3. pig   fig
4. pile   file
5. pin   fin

B. 다음 단어들을 발음해보시오.

1. a. pill   b. fill
2. a. fry   b. pry
3. a. peel   b. feel
4. a. flight   b. plight
5. a. fried   b. pride

C. 다음 예문을 읽고, 의미 차이를 생각해보시오.

1. He is going on the (pike, bike).
2. These are (clips, cliffs).
3. Did you hear about their (plight, flight).
4. Have you got a (fin, pin)?
5. Take this (copy, coffee).

D. 빈칸에 적절한 단어를 넣고, 소리 내어 읽어보시오.

Once there was a very hungry (   ). He saw some (   ) grapes hanging above from a vine. He tried (   ) up, but he couldn't reach the grapes. Finally, he became (   ) and gave up. As he left, the fox said, "I didn't really want those grapes. They were (   ) sour!"

fox	jumping	fine	probably	furious

E. 다음 문장들을 읽고, 밑줄 친 단어들의 발음 공통점을 찾아봅시다.

1. The <u>apples</u> and <u>pears</u> are <u>ripe</u>.
2. <u>Practice</u> makes <u>perfect</u>.
3. The <u>office</u> is on the <u>first</u> <u>floor</u>.

3.2.2 /b/ in boy : /v/ in van

●●●●

다음 /b/와 /v/의 입 모양, 조음위치, 조음방법을 살펴보자.

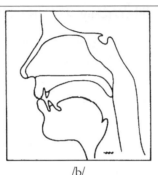
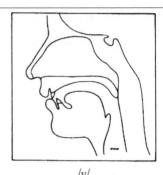

	/b/	/v/
조음위치	양 입술	윗니를 아랫입술에 살짝 댄다.
조음방식	공기를 파열시킨다	공기를 마찰시킨다
성대진동	성대가 진동한다	성대가 진동한다
분절음 명칭	유성 양순 폐쇄음 (voiced bilabial stop)	유성 순치 마찰음 (voiced labiodental fricative)

/b/와 /v/의 발음

/b/: 양 입술을 다문 상태에서 입안의 공기를 가득 담고 있다가 순
간적으로 양 입술을 통해 공기를 밖으로 터트리면서 소리를 낸
다. 이때 성대를 진동시킨다. 이를 유성 양순 폐쇄음(voiced
bilabial stop)이라고 한다.

/v/: 윗니를 아랫입술에 살짝 대고 성대를 진동시키는 상태에서 공
기를 밖으로 밀어내며 마찰을 일으켜 내는 소리이다. 윗니를 아
랫입술에 대고 마찰을 일으킨다 하여 유성 순치 마찰음(voiced

labiodental fricative)이라고 한다. 마찰음 /v/는 한국어 자음에 없는 음으로써 한국 영어학습자에게는 이를 정확하게 발음하고 식별하는 것이 쉽지가 않다.

Episode

[바이킹]이 두렵습니까?

놀이공원에 가보면 웬만한 곳에는 거의 '바이킹'이라는 놀이기구가 있다. 언젠가 타보았는데 조금은 겁이 나기도 하였다. 한 번은 여름 방학에 영어 캠프 프로그램 중의 하나로 field trip을 외국인 교수와 함께 학생들을 데리고 롯데월드에 갔다. 일정한 시간을 정해 놓고 놀이공원 안에서 놀이기구를 자유롭게 타다가 집합장소에서 만나기로 하였다. 외국인 교수와 함께 '바이킹'을 타려고 줄을 서서 기다리고 있는데 몇몇 학생들이 우리를 보고 자기들도 타겠다고 했다. 그런데 문제는 학생들 중 '바이킹'이라는 발음이 혼동을 일으킨 것이었다. 옆에 있던 외국인 교수는 갑자기 어리둥절해 하며 여기에 ET영화에 나오는 [바이킹](biking, 자전거타기)이 있냐고 물었다. 바로 '바이킹'에서 'v'로 발음해야 하는 것을 'b'인 [바이킹]으로 잘못 발음한 것이라고 설명해주었다. 롯데월드에는 [바이킹]이 없기 때문이었다. [바이킹]으로는 자전거는 탈 수 있지만 '바이킹'은 어렵지 않을까 싶은 생각이 들었다.

Exercise

A. 다음 예의 발음을 연습해보시오.

1. boat   vote
2. buy   vie
3. boat   vote
4. robe   rove
5. rebel   revel

B. 다음 단어들을 발음해보시오.

1. a. van   b. ban
2. a. bat   b. vat
3. a. best   b. vest
4. a. bend   b. vend
5. a. vase   b. base

C. 의미에 맞게 선택하고, 소리 내어 읽어보시오.

(1) You can not (vend, bend) those here.
(2) The accident was on the (curve, curb).
(3) Do you want the (biking, viking)?
(4) Don't use that for the (vase, base).
(5) When I saw him I (bowed, vowed) to him.

D. 다음 기사를 소리 내어 읽어보시오. (진한 부분에 유의)

> (The Korea Herald 2002)
>
> **Voters** for their part need to pay more attention to the electoral proceeding. Unlike what political cynics say, it does make a difference whether or not they **vote** and who they elect, and it requires attentive ears and eyes to cast a wise ballot. Among the eight presidents who have ruled the republic since its inauguration 54 years ago, there has been not a single "successful" president. People get the leaders they deserve. The college students' latest moves to set up absentee **voting** booths is a welcome development in this regard.

E. 다음 문장들을 읽고, 밑줄 친 단어들의 발음 차이를 찾아봅시다.

1. The <u>vent</u> was <u>bent</u>.
2. Did they <u>vote</u> on the <u>boat</u>?
3. Yes, I <u>love</u> <u>living</u> here.

3.2.3 /f/ in fan : /v/ in very

다음 /f/와 /v/의 입 모양, 조음위치, 조음방법을 살펴보자.

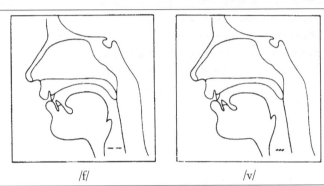

	/f/	/v/
조음위치	윗니를 아랫입술에 살짝 댄다.	윗니를 아랫입술에 살짝 댄다.
조음방식	공기를 마찰시킨다	공기를 마찰시킨다
성대진동	성대가 진동을 안 한다	성대가 진동한다
분절음 명칭	무성 순치 마찰음 (voiceless labiodental fricatve)	유성 순치 마찰음 (voiced labiodental fricatve)

/f/와 /v/의 발음

/f/: 윗니를 아랫입술에 살짝 대고 성대를 울리지 않은 상태에서 공기를 밖으로 밀어내며 마찰을 일으켜 내는 소리이다. 윗니를 아랫입술에 대고 마찰을 일으킨다 하여 무성 순치 마찰음(voiceless labiodental fricative)이라고 한다.

/v/: 윗니를 아랫입술에 살짝 대고 성대를 진동시키는 상태에서 공기를 밖으로 밀어내며 마찰을 일으켜 내는 소리이다. 윗니를 아랫입술에 대고 마찰을 일으킨다 하여 유성 순치 마찰음(voiced labiodental fricative)이라고 한다.

한국어에는 /f/와 /v/ 음이 없기 때문에 정확한 발음과 식별을 위해
노력해야 한다.

Episode

우리에게 [발렌타인]데이는 없다

▶ /v/ 발음의 중요성

서양에서는 2월 14일을 발렌타인데이라고 하여 아주 특별하게 보낸다. 이날 사
람들은 발렌타인데이 축하카드를 연인에게 뿐만 아니라 친구와 가족들에게도 보
낸다. 특히 많은 연인들은 이 날에 자기가 사랑하는 사람에게 "나의 발렌타인이
되어주세요"라고 고백을 한다. 상점들은 2월 14일이 되기 훨씬 전부터 발렌타인
용품과 장식을 팔고 어린 학생들은 교실을 하트와 레이스로 장식을 한다. 그리고
사람들은 각자의 친구들에게 사탕, 꽃, 특별한 선물을 주곤 한다. 서양에서 시작
된 발렌타인데이 행사는 이제 우리나라에서도 시끌벅적하게 지나가는 날 중에
하나가 되었다. 얼마 전 일간스포츠(2003. 02. 13) 보도에서는 발렌타인데이를
맞아 온라인 영화 사이트 씨네 21에서 실시한 네티즌 폴에서 영화 <클래식>의
손예진, 조승우 커플이 총 1,889명의 참여자 중 830표로 42%를 차지하여 발렌타
인에 가장 잘 어울리는 커플 1위로 뽑혔고, 이 두 사람에 이어 <동갑내기 과외하
기>의 권상우, 김하늘 커플이 502표(25%)로 2위, 드라마 <올인>의 연인인 송
혜교, 이병헌과 드라마 <눈사람>의 김래원, 공효진이 각각 17%, 14%를 차지하
였다고 전하고 있다. 그러나 우리에게는 [발렌타인]데이는 없다. 단지 Valentine's
[vǽlEntainz] 데이만 있을 뿐이다. 왜 그런가. [발렌타인]에서 [발]은 [b] 소리로
시작하기 때문이다. [b] 소리는 공기가 입안에서 나오지 못하도록 양 입술을 다물
고 있다가 순간적으로 양 입술을 떼어 공기가 파열되도록 한다. 이때 성대가 진동
하도록 한다. 이를 유성 양순 폐쇄음(voiced bilabial stop)이라고 한다. 유성 양순
폐쇄음 [b]로 발음을 하면 Balentine이 된다. Valentine의 유성 순치 마찰음인 [v]
로 시작하는 소리와 완전히 다르게 들릴 것이다.

Exercise

A. 다음 예의 발음을 연습해보시오.

1. fine   vine
2. few   view
3. fast   vast
4. safe   save
5. half   halve

B. 다음 단어들을 발음해보시오.

1. a. feel   b. veal
2. a. ferry   b. berry
3. a. life   b. live
4. a. leaf   b. leave
5. a. file   b. vile

C. 의미에 맞게 선택하고, 소리 내어 읽어보시오.

1. Our (fan, van) is in the car.
2. Only a (few, view) can see this book.
3. I have grown grapes of the (fine, vine).
4. Did you ride (ferry, very)?
5. The (face, vase) is very heavy.

D. 다음 대화를 소리 내어 읽어보시오.

Phil	: What are you doing, Vic?
Vic	: I'm making a list of food and supplies.
Phil	: What for?
Vic	: What for? For the party, of course!
Phil	: Party? What party?
Vic	: Did you forget that we're having a Valentine's day party?
Phil	: Oh, I did forget.

E. 다음 문장들을 읽고, 밑줄 친 단어들의 발음 차이를 찾아봅시다.

1. They **have** a **fast** program.

2. You can see the **village** down in the **valley**.

3. Please **phone** my **office** **after** **five** days.

3.2.4 /t/ in tie : /d/ in die

다음 /t/와 /d/의 입 모양, 조음위치, 조음방법을 살펴보자.

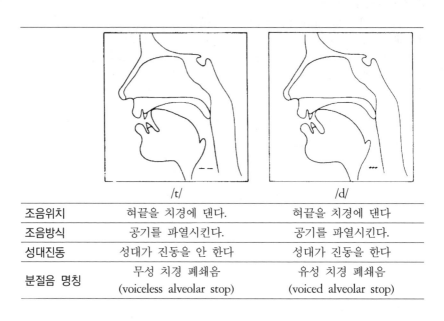

	/t/	/d/
조음위치	혀끝을 치경에 댄다.	혀끝을 치경에 댄다
조음방식	공기를 파열시킨다.	공기를 파열시킨다.
성대진동	성대가 진동을 안 한다	성대가 진동을 한다
분절음 명칭	무성 치경 폐쇄음 (voiceless alveolar stop)	유성 치경 폐쇄음 (voiced alveolar stop)

/t/와 /d/의 발음

/t/: 혀끝(tip of the tongue)을 윗니 뒤쪽의 치경(alveolar ridge)에 대고 혀의 양측으로 입안의 공기가 밖으로 나가지 못하도록 막고 있다가 혀를 떼면서 공기를 파열시킨다. 이때 성대가 울리지 않도록 해야 한다. 이를 무성 치경 폐쇄음(voiceless alveolar stop)이라고 한다.

/d/: 혀끝을 윗니 뒤쪽의 치경에 대고 혀의 양측으로 입안의 공기가 밖으로 나가지 못하도록 막고 있다가 혀를 떼면서 공기를 파열

시킨다. 이때 성대가 진동한다. 이를 유성 치경 폐쇄음(voiced alveolar stop)이라고 한다.

위의 /t/와 /d/ 이외에도 치경위치에서 소리가 나는 /n/, /l/, /s/, /z/를 치경음(alveolar sounds)이라고 한다.

한국 영어학습자는 /t/와 /d/의 발음과 식별에는 큰 어려움은 없지만, 흔히 유성 치경 폐쇄음 /d/와 유성 치간 마찰음 /ð/를 구분하여 발음하는 것과 이에 대한 발음 식별에 어려움이 있다. 또한 미국식 영어에서 'little'과 'letter'처럼 /t/음이 모음과 모음 사이에 오고 앞에 있는 음절에 강세가 오는 경우에 /t/소리는 혀가 순간적으로 윗니 뒷부분에 있는 치경돌기를 치고 제자리에 돌아온다. 이때 소리는 유성 치경 폐쇄음 /d/와 비슷하게 발음된다. 이러한 현상을 가리켜 탄설음화(flapping)라고 하며, 'D' 혹은 'R'로 발음된다. 탄설음화 현상은 특히 영국식 발음과 미국식 영어 간에 두드러진 발음의 차이를 가져오는 현상 중의 하나이다. 탄설음화에 대한 자세한 사항은 이 책 후반부에서 살펴보기로 한다. 그리고 한국 영어학습자들 중에는 /d/ 발음과 'th' 유성자음인 /ð/ 발음을 혼동하는 경우가 나타나기도 한다.

Tips

영어 단어 기억과 뇌의 작용

평범한 어른은 우리말 낱말을 기억할 때와 영어 낱말을 기억할 때 뇌의 다른 부분이 작동하는 것으로 드러났다. 서울대 의대 정신과 권준수 교수와 핵의학과 김재진, 이명철 교수는 우리말에는 능숙하지만 영어는 유창하지 않은 어른 14명에게 컴퓨터 모니터를 통해 △일반 도형 △영어 단어 △한국어 낱말 카드를 연속적으로 보여주면서 앞선 단어를 기억하게 한 다음 뇌에서 몇 초 동안 아주 짧은 시간에 일어나는 기억인 '작동 기억'의 변화를 양전자단층촬영(PET)으로 찍어 분석했다. 김 교수는 "영어 낱말을 기억할 때에는 뇌의 시각 정보 처리 부위가, 우리말 단어를 기억할 때에는 청각 정보 처리 부위가 활성화하는 것으로 나타났다"고 밝혔다. 그는 "우리말을 볼 때 청각 중추가 활성화됐다는 것은 바로 암송에 들어간다는 의미"라면서 "영어 단어를 봤을 때는 즉각적 암송이 이뤄지지 않으므로 이미지 처리라는 부차적 과정을 거친다."라고 설명했다. 이 때문에 아무리 영어 단어를 많이 알고 있는 사람이라도 우리말처럼 능숙히 영어를 하지 못하게 된다. 김 교수는 "낱말이 아니라 문장을 보여주고 뇌의 변화를 분석하면 두 언어의 문법적 차이 때문에 뇌의 활성 부위가 다를 수 있다"면서 "단어에 대한 작동 기억이 다른 것은 뇌가 말에 어느 정도 익숙한가에 달려 있다"고 설명했다.

그는 △영어에 능통하고 한국어는 미숙한 사람 △두 언어에 모두 능통한 사람 등에 대한 PET 분석이 끝나면 조기영어교육이 필요한지에 대한 증거가 될 것이라고 설명했다. 지금까지 뇌에서 모국어와 외국어를 처리하는 부위가 다르다는 것은 밝혀졌지만 단어에 대한 작동 기억이 다르다는 것은 이번에 세계 최초로 밝혀졌다.

Exercise

A. 다음 예의 발음을 연습해보시오.

1. tie   die
2. ten   den
3. to   do
4. train   drain
5. trill   drill

B. 다음 단어들을 발음해보시오.

1. a. town   b. down
2. a. drip   b. trip
3. a. dune   b. tune
4. a. try   b. dry
5. a. tear   b. dear

C. 의미에 맞게 선택하고, 소리 내어 읽어보시오.

1. Do you have the (dime, time) to read?
2. I need the (cart, card) to carry boxes.
3. The police (tie, dye) his hands to arrest.
4. Can you pay at the (toll, doll)?
5. He seemed a little (tense, dense).

D. 다음 광고문을 읽고, [t] 발음이 포함된 단어들을 찾으시오.

Save Money and the Shirt on Your Back

Get a $75 rebate when you purchase a qualified WashWise energy and water-saving clothes washer. These machine are gentle on your wallet with big savings in energy and water use. Plus they cause less wear and tear n your clothes while cleaning them better, meaning potential savings on your clothing allowance as well.

For a rebate form, list of qualified machines or for more information, ask your local retailer or call (206) 684-SAVE. WashWise is sponsored by The Saving Water Partnership.

* The machine must be installed in a home in the service area.

WWW.SAVINGWATER.ORG   (206) 684-SAVE (684-7283)

E. 다음 문장들을 읽고, 밑줄 친 단어들의 발음 차이를 찾아봅시다.

1. My **daughter** can **ride** well.
2. **That**'s a nice **card**.
3. **Do** you have the **time**?

3.2.5 /k/ in king : /g/ in game

다음 /k/와 /g/의 입 모양, 조음위치, 조음방법을 살펴보자.

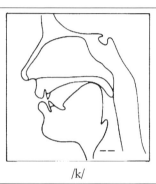 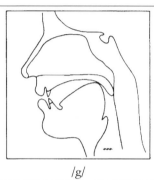

	/k/	/g/
조음위치	혀의 뒷부분을 연구개 쪽에 갖다 댄다.	혀의 뒷부분을 연구개 쪽에 갖다 댄다.
조음방식	공기를 파열시킨다	공기를 파열시킨다
성대진동	성대가 진동을 안 한다	성대가 진동한다
분절음 명칭	무성 연구개 폐쇄음 (voiceless velar stop)	유성 연구개 폐쇄음 (voiced velar stop)

/k/와 /g/의 발음

/k/: 혀의 뒷부분을 연구개에 갖다 대고 공기가 빠져 나오지 않도록
한다. 이때 연구개에 붙어 있던 후설을 내리면서 공기가 파열되
도록 소리를 낸다. 성대가 떨려서는 안 된다. 이를 무성 연구개
폐쇄음(voiceless velar stop)이라고 한다.

/g/: 혀의 뒷부분을 연구개에 갖다 대고 공기가 빠져 나오지 않도록
한다. 이 때 연구개에 붙어 있던 후설을 내리면서 공기가 파열
되도록 소리를 낸다. 성대를 진동시키며 소리를 낸다. 이를 유

성 연구개 폐쇄음(voiced velar stop)이라고 한다.

Avery & Ehrlich(1994: 139)를 참고하면 한국인 영어학습자는 무성 폐쇄음과 유성 폐쇄음이 단어 중간 혹은 끝 위치에 올 때 이를 발음하고 식별하는데 어려움이 있다고 한다.

Tips

▶ kn/gn에서의 'k'와 'g'의 묵음 현상

(1) kn으로 시작하는 단어에서 k는 묵음이 된다.

<u>k</u>nee   <u>k</u>neel   <u>k</u>now   <u>k</u>nife

(2) gn이 동일음절에 있을 때 'g'는 묵음이 된다.

si<u>gn</u>   resi<u>gn</u>   rei<u>gn</u>   forei<u>gn</u>   desi<u>gn</u>

Exercise

A. 다음 예의 발음을 연습해보시오.

1. cold   gold
2. girl   curl
3. glass   class
4. lacking   lagging
5. bag   back

B. 다음 단어들을 발음해보시오.

1. a. glue   b. clue
2. a. coat   b. goat
3. a. slacking   b. slagging
4. a. snack   b. snag
5. a. guard   b. card

C. 의미에 맞게 선택하고, 소리 내어 읽어보시오.

1. I think the weather will be (cold, gold).
2. He is going to put the book in the (back, bag).
3. Peggy is going to the (game, came).
4. There's a big (bug, buck) on the rug.
5. There's a (snack, snag) in the box.

D. 다음 문장들을 읽고, 밑줄 친 단어들의 발음 차이를 찾아봅시다.

1. There's a <u>book</u> on your <u>bag</u>.

2. That shops sells <u>clogs</u> and <u>clocks</u>.

3. The <u>king</u> watch the <u>guard</u>.

3.2.6 /ð/ in they ： /d/ in day

다음 /ð/와 /d/의 입 모양, 조음위치, 조음방법을 살펴보자.

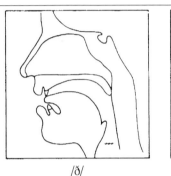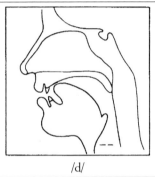

	/ð/	/d/
조음위치	윗니와 아랫니 사이에 혀끝을 놓는다.	혀끝을 치경에 댄다.
조음방식	공기를 마찰시킨다	공기를 파열시킨다
성대진동	성대가 진동을 한다	성대가 진동을 한다
분절음 명칭	유성 치간 마찰음 (voiced interdental fricative)	유성 연구개 폐쇄음 (voiced velar stop)

/ð/와 /d/의 발음

/ð/: 혀끝을 윗니와 아랫니 사이에 넣고 공기를 마찰시키며 소리를
    낸다. 이때 성대를 울리면서 소리를 낸다. 이를 유성 치간 마찰
    음(voiced interdental fricative)이라고 한다.

/d/: 혀끝을 윗니 뒤쪽의 치경에 대고 혀의 양측으로 입안의 공기가
    밖으로 나가지 못하도록 막고 있다가 혀를 떼면서 공기를 파열
    시킨다. 이때 성대를 울리면서 소리를 낸다. 이를 유성 치경 폐
    쇄음(voiced alveolar stop)이라고 한다.

한국 영어학습자는 한국어에 유성 치간 마찰음인 /ð/가 없기 때문에 이를 발음하거나 식별하는데 어려움이 있다. 또한 유성 치간 마찰음인 /ð/와 유성 치경 폐쇄음인 /d/가 들어 있는 단어들을 확실하게 구별하지 못한다.

Tips
유성 치간 마찰음인 /ð/는 다음과 같이 주로 가족관계나 한정사를 나타내는 표현에 많이 나타나고 있다.

가족관계 → mother, father, brother
한정사　 → the, this, that, these, those, their

Exercise

A. 다음 예의 발음을 연습해보시오.

1. they   day
2. then   den
3. breathe   breed
4. soothe   sued
5. those   doze

B. 다음 단어들을 발음해보시오.

1. a. die   b. thy
2. a. worthy b. wordy
3. a. dare   b. there
4. a. tide   b. tithe
5. a. bathe   b. bayed

C. 의미에 맞게 선택하고, 소리 내어 읽어보시오.

1. It's not fair to (doze, those) in class.
2. They (sooth, soothe) him.
3. The animal (breed, breathe) quickly.
4. My friends (loathe, loath) me.
5. They (bath, bathe) in the fresh sunbeam.

D. 신문기사를 읽고 [ð] 발음이 포함된 단어들을 표시하시오.

Northwest Asian Weekly · August 31 – September 6, 2002

Know Chinese? Work at the polls this fall

People who are proficient in the Chinese language are needed to work at polling sites in Chinatown/International District and the 11th and 37th districts this fall.

These workers will be able to assist Chinese community members as they vote in this fall's elections.

This recruitment effort works toward fulfilling the bilingual provision of the federal Voting Rights Act, which requires that counties offer ballots in Chinese if 5 percent of the voting-age Chinese population indicates that they speak English "less than very well" on the Census.

E. 다음 문장들을 읽고, 밑줄 친 단어들의 발음 차이를 찾아봅시다.

1. It is not **good** to **doze** in class.

2. My **mother** must **bathe** the baby.

3. She **sued** him for **those** bad **attitudes**.

3.2.7 /θ/ in thin : /s/ in sin

다음 /θ/와 /s/의 입 모양, 조음위치, 조음방법을 살펴보자.

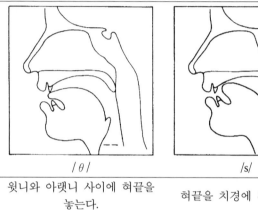

	/θ/	/s/
조음위치	윗니와 아랫니 사이에 혀끝을 놓는다.	혀끝을 치경에 접근시킨다
조음방식	공기를 마찰시킨다	공기를 마찰시킨다
성대진동	성대가 진동을 안 한다	성대가 진동을 안 한다
분절음 명칭	무성 치간 마찰음 (voiceless interdental fricative)	무성 치경 마찰음 (voiceless alveolar fricative)

/θ/와 /s/의 발음

/θ/: 혀끝을 윗니와 아랫니 사이에 넣고 공기를 마찰시키며 소리를 낸다. 이때 성대가 울리지 않도록 한다. 이를 무성 치간 마찰음 (voiceless interdental fricative)이라고 한다.

/s/: 혀끝을 윗니 뒤쪽 치경에 접근시키고 공기를 마찰시키며 소리를 낸다. 이때 성대가 울리지 않도록 한다. 이를 무성 치경 마찰음(voiceless alveolar fricative)이라고 한다.

한국 영어학습자 중에는 무성 치경 마찰음 /s/와 혼동하는 경우들이 있다. 특히 한국 영어학습자는 한국어에 무성 치간 마찰음인 /θ/가 없기 때문에 이를 발음하거나 식별하는데 어려움이 있다. 또한 무성 치간 마찰음인 /θ/와 무성 치경 마찰음 /s/가 들어 있는 단어들 간의 식별에 어려움이 있다. 특히 무성 치간 마찰음인 /θ/를 발음 연습할 때 처음에는 혀끝을 많이 내밀고 연습하다가 차차 살짝 내밀도록 한다. 혀끝을 윗니 뒤쪽에 살짝 갖다 대고 소리를 내도 혀끝이 자연적으로 윗니와 아랫니 사이에 위치하게 된다. 무성 치간 마찰음인 /θ/를 발음할 때 주의할 것은 절대로 혀끝을 깨무는 것이 아니라는 점이다. 혀끝을 깨물고서는 절대로 공기를 마찰시킬 수가 없다. 주변에 무성 치간 마찰음인 /θ/를 발음할 때 혀를 꽉 깨물고 발음해야 한다는 발음 지도는 잘못된 것이다.

Tips

◆ 'TH' 발음을 연습해봅시다.

Pine Sol

"If this Pine Sol cleaner makes 14 buckets of cleaning power, then guess how many this Lysol make? Only 5!! To get the same cleaning power in 1 Pine Sol, you'd have to buy 3 lemon breeze Lysols! Choose the power of Pine sol!!"

Exercise

A. 다음 예의 발음을 연습해보시오.

1. thin   sin
2. think   sink
3. math   mass
4. thank   sank
5. bath   bass

B. 다음 단어들을 발음해보시오.

1. a. thick   b. sick
2. a. sing   b. thing
3. a. thinner   b. sinner
4. a. face   b. faith
5. a. bass   b. bath

C. 다음 문장들을 소리 내어 읽으시오. (/s/, /ʃ/, /θ/에 유의)

1. Beth is certain to show you the sailors from the ship.
2. Cindy sells seashells by the seashore.
3. Miss Smith saw a mouse in the path.

D. 다음 문장들을 읽고, 밑줄 친 단어들의 발음 차이를 찾아봅시다.

1. Is this the mouth of the student?
2. She is the tenth child in the classroom.
3. They never sought the answer.

3.2.8 /s/ in see : /ʃ/ in she

다음 /s/와 /ʃ/의 입 모양, 조음위치, 조음방법을 살펴보자.

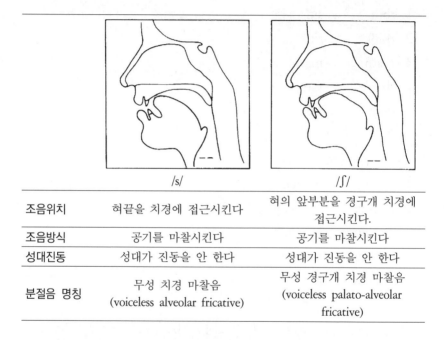

	/s/	/ʃ/
조음위치	혀끝을 치경에 접근시킨다	혀의 앞부분을 경구개 치경에 접근시킨다.
조음방식	공기를 마찰시킨다	공기를 마찰시킨다
성대진동	성대가 진동을 안 한다	성대가 진동을 안 한다
분절음 명칭	무성 치경 마찰음 (voiceless alveolar fricative)	무성 경구개 치경 마찰음 (voiceless palato-alveolar fricative)

/s/와 /ʃ/의 발음

/s/: 혀끝을 윗니 뒤쪽 치경에 접근시키고 공기를 마찰시키며 소리를 낸다. 이 때 성대가 울리지 않도록 한다. 이를 무성 치경 마찰음(voiceless alveolar fricative)이라고 한다.

/ʃ/: 혀의 앞부분을 경구개 치경에 접근시키고 공기를 마찰시키며 소리를 낸다. 이 때 성대가 울리지 않도록 한다. 이를 무성 경구개 치경 마찰음(voiceless palato-alveolar fricative)이라고 한다.

한국 영어학습자는 한국 영어학습자가 /s/ 그리고 /ʃ/를 혼동하여 발음하기도 한다. 무성 치경 마찰음 /s/를 전설 고모음과 중모음 앞에서 무성 경구개 치경 마찰음 /ʃ/로 발음하거나 유기음 /s/로 발음하는 경향이 있다. 예를 들어 'seat'와 'sheet'를 동일하게 [시트]처럼 발음을 한다. 한국어에서 /s/는 [ㅅ]이지만 영어 방식으로 발음할 때는 오히려 [ㅆ]으로 발음을 해주어야 한다.

Tips

When I Go Fishing

When I go **fishing**
I'm always **wishing**

Some **fishes** I will get;
The **fish** are **wishing**
I won't; just harder yet.

And all those **wishes**,
Of the **fishes**,
Every one comes true;
So all my **wishes**
To get **fishes**
Never, never do.   (Orion 1988: 262)

Exercise

A. 다음 예의 발음을 연습해보시오.

1. see   she
2. sin   shin
3. seat   sheet
4. said   shed
5. classing   clashing

B. 다음 단어들을 발음해보시오.

1. a. self   b. shelf
2. a. sue   b. shoe
3. a. shell   b. sell
4. a. shift   b. sift
5. a. shoot   b. suit

C. 의미에 맞게 선택하고, 소리 내어 읽어보시오.

1. Can you (sew, show) the computer for me?
2. How many (clashes, classes) have the nations had along the border?
3. The student had much (shame, same) due to the test.
4. (Sea, She) looks very wide today.
5. She (sells, shells) peas for cooking.

D. 신문기사를 읽고 [ʃ] 발음이 포함된 단어들을 표시하시오.

Political virtues in need

It is not a mere political farce for three lawmakers to demand that they be ousted from their own party ahead of the upcoming presidential election. That speaks volumes about the state of Korean politics, too, as does the actual defection of lawmakers in droves.

The lawmakers wish to jump what they, like many other fellow lawmakers deserting the Millennium Democratic Party, now regard as a sinking ship. Unfortunately for them, their freedom of choice in party affiliation is severely restricted because they were elected not by popular vote but under the party's proportional representation.

(The Korea Herald 2002년 11월 6일)

E. 다음 문장들을 읽고, 밑줄 친 단어들의 발음 차이를 찾아봅시다.

1. Can you **wash** my car **this** afternoon?
2. I'll **show** the **clothes**.
3. **She** was very quiet **yesterday**.

3.2.9 /s/ in sit : /z/ in zoo

다음 /s/와 /z/의 입 모양, 조음위치, 조음방법을 살펴보자.

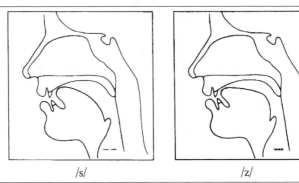

	/s/	/z/
조음위치	혀끝을 치경에 접근 시킨다	혀끝을 치경에 접근 시킨다
조음방식	공기를 마찰 시킨다	공기를 마찰 시킨다
성대진동	성대가 진동을 안 한다	성대가 진동을 한다
분절음 명칭	무성 치경 마찰음 (voiceless alveolar fricative)	유성 치경 마찰음 (voiced alveolar fricative)

/s/와 /z/의 발음

/s/: 혀끝을 윗니 뒤쪽 치경에 접근시키고 공기를 마찰시키며 소리를 낸다. 이때 성대가 울리지 않도록 한다. 이를 무성 치경 마찰음(voiceless alveolar fricative)이라고 한다.

/z/: 혀끝을 윗니 뒤쪽 치경에 접근시키고 공기를 마찰시키며 소리를 낸다. 이때 성대가 울리도록 한다. 이를 유성 치경 마찰음 (voiced alveolar fricative)이라고 한다.

한국 영어학습자는 무성 치경 마찰음 /s/와 유성 치경 마찰음 /z/의 성대의 유무성 차이에 대한 식별에 주의를 해야 한다.

---

episode

's'는 간단하지만은 않은 발음이다.

미국 청년이 역시 영어강사로 서울에 왔다. 하루는 강의를 마치고 혼자 커피를 마시며 쉬고 있는데, 자기 강의를 수강하는 한 학생이 들어왔다. 미국 강사는 그 친구에게 자리를 권하고 테이블 위에 놓인 coffee pot을 가리키며 Care for a sip? 이라고 말했다. 이 말에 학생이 잠시 머뭇거리며 어리둥절한 표정을 지었다. 아마도 'sip'을 'ship' 쯤으로 들은 것만 같았다. 나중에 내게 이곳에서 왜 '배' 이야기를 하냐고 물어보았기 때문이었다. 일단 '마시다' 의미로 'sip'이라는 표현이 생소하였을 듯하고, 발음에서도 's'를 정확하게 이해하지 못했기 때문일 것이다. '조금씩 음미하다'라는 좋은 표현이지만, 발음에서 왔던 혼동은 사실 내게는 상당히 흥미로운 경험이었다. 미국인 선생님은 결국 'Care for a sip of coffee?'을 말하려 했겠지만, 의미 전달이 결국 발음에서 막혀버린 꼴이 되어버렸다.

Exercise

A. 다음 예의 발음을 연습해보시오.

1. sink   zink
2. sue   zoo
3. see   zee
4. seal   zeal
5. sip   zip

B. 다음 단어들을 발음해보시오.

1. a. bus   b. buzz
2. a. loss   b. laws
3. a. rise   b. rice
4. a. price   b. prize
5. a. spice   b. spies

C. 의미에 맞게 선택하고, 소리 내어 읽어보시오.

1. They are (raising, racing) dogs.
2. Look at her (knees, neats).
3. They hear the (voice, boys).
4. They grab the (spice, spies).
5. She is (zipping, sipping) her mouth.

D. 신문기사를 읽고 [s] 발음이 포함된 단어들을 표시하시오.

> Political virtues in need
>
> It is not a mere political farce for three lawmakers to demand that they be ousted from their own party ahead of the upcoming presidential election. That speaks volumes about the state of Korean politics, too, as does the actual defection of lawmakers in droves.
> The lawmakers wish to jump what they, like many other fellow lawmakers deserting the Millennium Democratic Party, now regard as a sinking ship. Unfortunately for them, their freedom of choice in party affiliation is severely restricted because they were elected not by popular vote but under the party's proportional representation.
>
> (The Korea Herald 2002년 11월 6일)

E. 다음 문장들을 읽고, 밑줄 친 단어들의 발음 차이를 찾아봅시다.

1. Jane **needs** the **pence**.
2. He **stares** at her **ice**.
3. They are **racing dogs**.

3.2.10 /ʤ/ in juice : /z/ in zone : /ʒ/ in vision

●●●●

다음 /ʤ/와 /z/의 입 모양, 조음위치, 조음방법을 살펴보자.

	/ʤ/	/z/
조음위치	혀끝과 설단은 치경에 접촉하여 폐쇄를 일으킴과 동시에 전설은 마찰음 개방이 될 수 있게 경구개 쪽으로 올린다.	혀끝을 치경에 접근시킨다.
조음방식	공기를 파찰시킨다	공기를 마찰시킨다
성대진동	성대가 진동을 한다	성대가 진동을 한다
분절음 명칭	유성 경구개 치경 파찰음 (voiced palato alveolar affricate)	유성 치경 마찰음 (voiced alveolar fricative)

/ʤ/와 /z/의 발음

/ʤ/: 혀끝 부분인 설단이 치경에 접촉하여 폐쇄를 일으킴과 동시에 전설은 마찰음 개방이 될 수 있게 경구개 쪽으로 올린다. 이를 유성 경구개 치경 파찰음(voiced palato-alveolar affricate)이라고 한다.

/z/: 혀끝을 윗니 뒤쪽 치경에 접근시키고 공기를 마찰시키며 소리

를 낸다. 이때 성대가 울리도록 한다. 이를 유성 치경 마찰음
(voiced alveolar fricative)이라고 한다.

/ʒ/: 혀의 앞부분을 경구개 치경 부근에 갖다 대고 공기를 마찰시킨
다. 이때 혀끝이 치경에 닿지 않도록 한다. 성대가 진동하도록
한다. 이를 유성 경구개 치경 마찰음(voiced palato-alveolar
fricative)이라고 한다.

    한국 영어학습자에게는 유성 경구개 치경 파찰음 /ʤ/와 유성 치
경 마찰음 /z/ 그리고 유성 경구개 치경음 /ʒ/ 이 세 소리를 모두 우
리말의 [ㅈ]로 발음하는 경향이 있다. 즉 이 말은 우리가 /ʤ/와 /z/
를 발음할 때 혀끝을 치경에 위치시키지 않고 혀의 앞부분을 경구개
치경에 위치시켜 모두 같은 [ㅈ]로 발음을 한다는 것이다. 따라서
/ʤ/를 우리말의 [쥐]로 소리를 내서는 안 된다. 왜냐하면 우리말의
[쥐]로 발음할 경우 혀끝이 치경에 닿지 않기 때문이다. 영어의 /ʤ/
를 제대로 발음하려면 혀끝인 설단을 치경에 갖다 댐과 동시에 마찰
음 /ʒ/의 소리를 내기 위해 혀의 앞부분을 경구개 치경에 위치시키
고 동시에 소리를 내야 한다. 그러면 치경에서 공기를 순간적으로
막고 있던 혀끝이 공기를 파열시키면서 아주 약하게 우리말의 [읏]
소리 비슷한 소리가 만들어지고, 경구개 치경 위치에 있던 혀의 앞
부분이 공기를 마찰시키면서 우리말의 [쥐] 소리 비슷한 소리를 만
든다. 따라서 /ʤ/는 폐쇄음과 마찰음이 동시에 생성되어 우리말의
[(읏)쥐] 소리와 비슷한 소리가 된다. /z/ 또한 앞에서 언급한 /ʤ/와
마찬가지로 한국 영어학습자들이 우리말의 [ㅈ]와 비슷하게 소리를
내지만 이 또한 잘못된 발음이다. /z/의 정확한 영어발음을 위해서는
혀끝을 치경 부근에 위치시켜서 소리를 내야 한다. 이 때 혀끝이 치
경에 닿아서 기류를 막아서는 안 된다. 치경 부근에 위치해서 공기

가 입으로 나올 때 마찰이 되도록 해야 한다. 예를 들어 영어 cheese 의 [z]를 발음할 때 혀끝을 치경 부근에 위치시키고 성대를 울리면서 [즈즈즈~~]하고 소리를 내보면 바로 이 소리가 제대로 된 영어의 [z] 소리가 된다. 마지막으로 유성 경구개 치경 마찰음 /ʒ/는 우리말 의 [쥐]와 가장 가까운 소리가 난다. 혀의 앞부분을 경구개 치경 부근에 갖다 대고 공기를 마찰시킨다. 이때 혀끝이 치경에 닿지 않도록 한다.

Funny episode

[째즈]로는 jazz하기 어려워요

미국에 머무는 동안 운동을 하기 위해 Dance Dimensions라는 곳에 갔다. [째즈] 클래스에 등록하러 왔다고 하자 남자 직원은 'What?'하고 되묻는 것이었다. '아니, 여기서 이 사람이 [째즈]를 모른다 말야' 하고 답답하게 여겼다. 다시 [째즈]라고 큰 소리로 말했다. 그러자 남자 직원은 'Oh, you mean, Jazz.'라고 말했다. 여기서 jazz를 [째즈]로 발음을 했고, 그 남자직원은 [dʒæz]라고 발음을 한 것이다. [줴즈]가 우리말에 가깝다.

Exercise

A. 다음 예의 발음을 연습해보시오.

1. G	Z
2. gyp	zip
3. jest	zest
4. Joan	zone
5. juice	Zeus

B. 다음 단어들을 발음해보시오.

1. a. rains   b. range
2. a. Joan   b. zone
3. a. jinks   b. zincs
4. a. jealous   b. zealous
5. a. fragile   b. frazzle

C. 크게 소리 내서 읽어봅시다.

[ʤ]	jeep gym jump jean jet jail jewelry jaw badge job juice journey jazz John joy joint jacket gentleman jungle bridge manager image sausage edgy schedule general dangerous
[z]	zero zone zipper zoo zoom scissor easy puzzle cheese design crazy visit is lazy quiz reason freeze noise dessert use reserve please
[ʒ]	pleasure treasure usually vision sabotage television garage decision occasion

D. 해당되는 발음이 포함된 단어들을 선택하시오.

job zone Jesus garage journey jazz John joy
joint design usually pleasure cheese jacket
scissor gentleman casual juice zoo decision
television puzzle zipper zero occasion

1. [ʤ]:
2. [z]:
3. [ʒ]:

3.2.11 /ʧ/ in child : /ʤ/ in jam

————————————————————————————————————— ●●●●

다음 /ʧ/와 /ʤ/의 입 모양, 조음위치, 조음방법을 살펴보자.

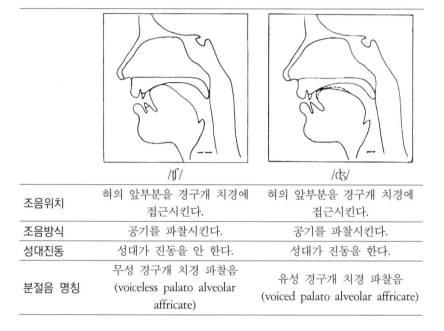

	/ʧ/	/ʤ/
조음위치	혀의 앞부분을 경구개 치경에 접근시킨다.	혀의 앞부분을 경구개 치경에 접근시킨다.
조음방식	공기를 파찰시킨다.	공기를 파찰시킨다.
성대진동	성대가 진동을 안 한다.	성대가 진동을 한다.
분절음 명칭	무성 경구개 치경 파찰음 (voiceless palato alveolar affricate)	유성 경구개 치경 파찰음 (voiced palato alveolar affricate)

/ʧ/와 /ʤ/의 발음

/ʧ/: 혀끝과 설단을 치경에 접촉하여 폐쇄를 일으킴과 동시에 전설
은 마찰음 개방이 될 수 있게 경구개 쪽으로 올린다. 이 때 성대
가 진동하지 않도록 한다. 이를 무성 경구개 치경 파찰음
(voiceless palato-alveolar affricate)이라고 한다.

/ʤ/: /ʧ/와 발음이 같지만 차이점은 성대가 진동한다. 이를 유성 경
구개 치경 파찰음(voiced palato-alveolar affricate)이라고 한다.

한국 영어학습자는 무성 경구개 치경 파찰음 /ʧ/와 유성 경구개 치경 파찰음 /ʤ/를 정확하게 발음하는 것과 이 파찰음의 유무성의 차이를 식별하는데 주의를 해야 한다.

Tips

/ʧ/ or /ʤ/의 생성 과정은 영어의 발달 역사를 보면 꽤 흥미로운 사실을 포함하고 있다. 유럽지역에서 로마의 세력이 약화될 무렵 당시까지 라틴어를 사용하던 지역민들은 자신들의 지방어를 로마가 쇠약해지는 분위기를 이용하여 서서히 표준어로 사용하기에 이르렀다. 다만 당시까지 라틴어와 달리 유럽 각 지방어들은 문자를 별도로 고안하지 못하고 라틴문자를 사용하고 있던 터라 지방어에만 있는 발음을 표기하기 위하여 특별한 방법을 생각하기에 이르렀다. 새로운 문자를 창출하여 설정하기에는 너무도 많은 노력과 시간이 요구되기 때문에 기존의 소리를 합성하여 지방어에만 있는 소리를 표기하게 되었다. 따라서 /ʧ/, /ʤ/는 라틴어에 사용되던 /t/ /ʃ/ /d/ /ʒ/를 합성하여 만들어낸 음성표시 문자들이었다.

Exercise

A. 다음 예의 발음을 연습해보시오.

1. choke   joke
2. cheep   jeep
3. choice   Joyce
4. chin   gin
5. chest   jest

B. 다음 단어들을 발음해보시오.

1. a. cheer   b. jeer
2. a. junk   b. chunk
3. a. cherry   b. Jerry
4. a. choke   b. d. joke
5. a. edge   b. etch

C. 다음 예들을 보고 해당 발음 단어를 선택하시오.

church	chill	jam	chicken	choc	jocks	chess	hinge
reach	just	torch	larger	coach	such	judge	jungle

1. /ʧ/:
2. /ʤ/:

D. 다음 문장들을 읽고, 밑줄 친 단어들의 발음 차이를 찾아봅시다.

1. <u>It's</u> nice <u>etching</u>.
2. The chess game was <u>such</u> a <u>joking</u>.
3. I saw her <u>larger</u> <u>lunch</u> box.

3.2.12 /n/ in name : /l/ in like

다음 /n/과 /l/의 입 모양, 조음위치, 조음방법을 살펴보자.

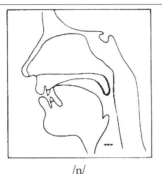 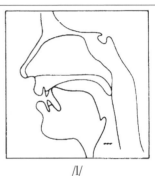

	/n/	/l/
조음위치	혀끝을 치경에 댄다.	혀끝을 치경에 댄다.
조음방식	공기를 비강을 통해 파열시킨다.	공기가 혀의 양측으로 빠져나가도록 한다.
성대진동	성대가 진동을 한다	성대가 진동을 한다
분절음 명칭	치경 비음 (alveolar nasal)	설측음 (lateral)

/n/과 /l/의 발음

/n/: 혀끝을 치경에 대고 입안에 갇혀 있던 공기가 코를 통해서 파
열되도록 한다. 이때 성대가 진동하도록 한다. 이를 치경비음
(alveolar nasal)이라고 한다. 비음을 발음하면 코와 앞 이마부분
에 공명을 느낄 수가 있다. 비음에는 /m, n, ŋ/이 있는데 이들
모두가 공기가 구강에서 폐쇄된다는 점에서 폐쇄음으로 분류되
지만, 일반적으로 폐쇄음이라고 하면 구강폐쇄음 /p, t, k, b, d,
g/을 지칭하고 비강 폐쇄음은 보통 비음이라고 한다.

/l/: 혀끝 부분을 윗니 뒤쪽 부분에 있는 볼록한 부분(치경)에 쭉 펴
서 갖다 대고 공기를 혀 양쪽으로 내보내면서 소리를 낸다. 소
리가 생성될 때 공기가 입의 가운데를 지나지 못하고 혀의 양쪽
측면으로 빠져나가면서 생성되므로 이를 설측음(lateral)이라고
한다.

한국 영어학습자는 설측음 /l/을 정확하게 발음하는데 어려움이
있다. 또한 치경비음 /n/과 설측음 /l/을 혼동하여 발음하거나 이를
식별하는데 어려움이 있다. 예를 들어 homeless를 [homnis] 즉, [홈
니스]처럼 발음을 하는 경향이 있다. 이는 우리말의 '삼라만상'에서
'삼라'의 발음이 [삼나]로 발음이 되는 현상에 기인한다. 이러한 현
상은 우리말에서 /ㄹ/이 /ㅁ, ㄴ, ㅇ/ 뒤에서 /ㄴ/으로 변화되는 음운
규칙의 영향을 받아 발음되기 때문이다. 즉 이를 간략하게 음운규칙
으로 나타내면 다음과 같다. /l/음이 /m, n, ŋ/ 중 어느 하나의 뒤에
올 때 /n/으로 그 소리가 바뀐다는 것이다. 다음은 변화 현상을 규칙
으로 표현한 것이다.

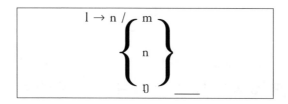

따라서 한국 영어학습자는 한국어의 음운체계가 영어의 발음체계
에 영향을 주지 않도록 주의를 해야 한다.

Tips

모음 없이 음절을 형성하는 성절자음(Syllabic consonant)

/m, n, l/은 모음 없이 음절을 형성하는 성절자음이 되기도 한다. 예를 들면 bottom[bɔtm]과 circumstance [səkmstəns] 등의 [m] (물론 Jespersen은 [əm]이 더 보편적이라고 부언하고 있다), 또 able[eibl], devil[devl]의 [l], ridden[ridn], cousin[kʌzn]의 [n]은 이들 자음이 음절의 핵을 이룰 수가 있는데 이를 성절자음 (syllabic consonant)이라고 한다. 이러한 경우는 음성적으로 모음이 없이 발음되는 것이고 음운단위로는 「모음 + 자음」으로 가정하여 모음이 탈락한 것이다.

Exercise

A. 다음 예의 발음을 연습해보시오.
1. notion   lotion
2. knit   lit
3. nice   lice
4. nine   line
5. null   lull

B. 다음 단어들을 발음해보시오.
1. a. noon   b. loon
2. a. not   b. lot
3. a. lumber   b. number
4. a. raining b. railing
5. a. coils   b. coins

C. 의미에 맞게 선택하고, 소리 내어 읽어보시오.
1. It is (   ) a (   ).   <not, lot>
2. That's a (   ) cabinet.   <pile, file>
3. Have you (   ) a (   )? <seen, seal>
4. My (   ) has the (   ). <lease, niece>
5. It is the dog's (   ).   <vowel, bowl>

D. 신문기사를 읽고 [n] 발음이 포함된 단어들을 표시하시오.

Age difference

Dear Ann Landers: My 6-year-old niece is a lovely, bright and personable child. The problem is that "Penny" is extremely overweight. My mother is downright cruel to her, calling her "Tubby" and "Fatso." Just last week, Mom said Penny is not welcome in her home because she might break the chairs.

My mother is 75 years old, and her other grandchildren are all grown adults. She has had her own weight problems in the past and ought to know better than to torment this 6-year-old child. I have asked my mother to stop torturing Penny, but Mom says, "She has to lose weight. I'm doing this for her own good."

(The Korean Herald May 22, 2001)

3.2.13 /l/ in lane : /r/ in rain

다음 /l/과 /r/의 입 모양, 조음위치, 조음방법을 살펴보자.

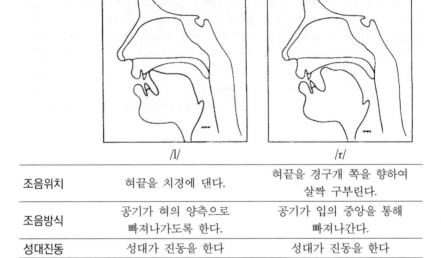

	/l/	/r/
조음위치	혀끝을 치경에 댄다.	혀끝을 경구개 쪽을 향하여 살짝 구부린다.
조음방식	공기가 혀의 양측으로 빠져나가도록 한다.	공기가 입의 중앙을 통해 빠져나간다.
성대진동	성대가 진동을 한다	성대가 진동을 한다
분절음 명칭	설측음(lateral)	반전음(retroflex sound)

/l/와 /r/의 발음

/l/: 혀끝 부분을 윗니 뒤쪽 부분에 있는 볼록한 부분(치경)에 쭉 펴서 갖다 대고 공기를 혀 양쪽으로 내보내면서 소리를 낸다. 소리가 생성될 때 공기가 입의 가운데를 지나지 못하고 혀의 양쪽 측면으로 빠져나가면서 생성되므로 이를 설측음(lateral)이라고 한다. 혀의 양쪽 측면에 공간이 있는 것을 확인하기 위해서는 공기를 안으로 들여 마셔본다. 그러면 혀의 양쪽 측면이 시원하게 느껴진다.

/r/: 혀끝을 경구개를 향하여 살짝 구부린다. 이 때 혀가 입천장에 닿아서는 안 된다. 입술을 동그랗게 모은다. 설측음 /l/과는 달리 공기가 입의 중앙을 통해서 **빠져나간다.** 이를 반전음(retroflex sound)이라고 한다. /r/을 제대로 발음하기 위해서는 먼저 입술을 동그랗게 모으고 혀끝을 경구개를 향하여 구부리고 입천장에 닿지 않은 상태로 목젖을 울리는 느낌으로 우리말의 [얼]을 발음하면 영어의 [r] 소리가 만들어진다.

영어의 /l/과 /r/의 소리가 한국 영어학습자에게 어려운 이유는 영어에서는 /l/과 /r/이 독립된 음소로서 의미의 차이를 가져오지만 우리말에서는 /ㄹ/의 이음으로서 의미의 차이를 가져오지 않기 때문이다. 예를 들어 /ㄹ/은 '놀이[nori]' 또는 '길이[kiri]'처럼 모음과 모음 사이에 오면 [r]로 발음되고 그 외에는 '라디오[ladio]'나 '길[kil]'처럼 [l]로 발음된다. 여기에서 /l/과 /r/을 서로 바꾸어서 사용한다 하더라도 의미 차이는 전혀 없다. 그러나 영어의 경우 'lice'와 'rice'에서 /l/과 /r/을 서로 대치하여 사용하면 전혀 다른 의미의 단어가 되어 의사소통에 상당한 지장을 초래할 수도 있다.

Tips

영어발음 교정 '혀 성형' 바람

한국 영어학습자에게 특히 어려운 발음중의 하나가 바로 /l/과 /r/이다. 한국에서 영어 조기 교육 열풍이 불면서 영어발음을 능숙하게 할 수 있도록 한다는 이유로 어린아이의 혓바닥 아랫부분을 절개하는 수술이 유행처럼 확산한다고 3월 31일 로스앤젤레스 타임스가 서울발 기사로 보도했다. 최근 로스앤젤레스 타임스가 서울 발 기사로 보도한 내용에 의하면 "한국인을 비롯해 동 아시아인들이 알파벳 L과 R이 들어간 단어를 정확히 구별해 발음하는 데 어려움을 겪고 있으며 이 때문에 일부 한국인은 혓바닥 아랫부분을 절개해 혀를 길게 하고 유연성을 높이기 위한 설소대절제술(舌小帶切除術)이 유행"이라고 전하고 있다. 이는 발음에 대한 이해의 부족에서 나온 것으로 우리를 씁쓸하게 만든다. 얼마든지 부단한 연습으로 발음은 고쳐지고 향상될 수가 있다.

Exercise

A. 다음 예의 발음을 연습해보시오.

1. late   rate
2. lice   rice
3. long   wrong
4. load   road
5. led   red

B. 다음 단어들을 발음해보시오.

1. a. room   b. loom
2. a. beer   b. bill
3. a. ray   b. lay
4. a. lied   b. ride
5. a. right   b. light

C. 의미에 맞게 선택하고, 소리 내어 읽어보시오

1. Don't step on the (   ).   <glass, grass>
2. It is high (   ).   <load, road>
3. They look at the red (   ).   <flame, frame>
4. Please put this on your (   ).   <wrist, list>
5. Let's (   ) in the ground.   <pray, play>

3.2.14 /rl/ in girl and world

우리 한국인들에게 영어의 r과 l 발음이 어려운데 이 둘이 합쳐진 /rl/의 발음은 더욱 어렵다. 이 발음을 소리내기 위해서는 먼저 혀를 약간 구부리고 경구개를 향하여 r을 발음하고 그리고 바로 혀끝을 윗니 뒤쪽의 치경 부분에 갖다 대어야 한다. 우리말의 [얼]을 혀를 약간 구부리고 경구개를 향하여 입천장에 닿지 않게 발음을 해봐라. 그리고 혀끝을 치경에 대고 동시에 혀 뒷부분을 연구개에 대고 [을]을 발음하면 영어의 [rl]과 비슷한 발음이 난다.

Exercise

A. 다음 예의 발음을 연습해보시오.

1. gull   girl
2. word   world
3. color   curler
4. all   earl
5. poll   pearl

B. 다음 단어들을 발음해보시오.

1. a. gull   b. girl
2. a. pearl   b. poll
3. a. color   b. curler
4. a. world   b. word
5. a. yearly   b. ally

C. 의미에 맞게 선택하고, 소리 내어 읽어보시오

1. I like this (   ) for my hark.   <color, curler>
2. Look at the (   ) over the sea.   <girl, gull>
3. They put this (   ) for the phrase.   <world, word>
4. Did you buy (   ) for your wife?   <pearl, pear>
5. The (   ) flies in the sky.   <bird, bud>

영어의 모음

모음은 자음과 달리 폐에서 나오는 기류가 방해를 받지 않으면서 만들어지는 소리이다. 모음의 분류는 혀의 높이, 혀의 앞 혹은 뒤, 입술의 둥글기 정도, 근육의 긴장성과 이완성에 따라 분류된다.

〈모음의 분류기준〉

· 혀의 높이(**tongue height**): 혀가 입안에서 높은가 낮은가
· 혀의 앞/뒤(**frontness/backness of tongue**): 혀의 앞부분과 관련 있는가 뒷부분과
　　　　　　　　　　　　　　　　　　　　　　　관련 있는가
· 입술의 둥글기(**lip rounding**): 입술이 둥근가
· 긴장성/이완성(**tenseness/laxness**): 근육이 긴장되는가 이완되는가

　입안에서 가장 높은 위치를 차지하고 있는 모음은 [iy, I, uw, ʊ]이다. 이들은 혀의 가장 높은 위치에서 만들어지며 고모음(high vowel)이라고 일컬어진다. 중간 모음들은 중간 위치를 차지하고 있는 [ey, ɛ, ʌ, ow]이다. 이들은 혀의 중간 위치에서 만들어지며 중모음(mid vowel) 소리들이 된다. 가장 낮은 위치에서 만들어지는 소리는 [æ, a, ɔ]이다. 이들은 혀의 가장 낮은 위치에서 만들어지므로 저

모음(low vowel)이라고 한다. 고모음, 중모음, 저모음에 해당하는 모음들은 혀의 앞-뒤 위치에 따라 전설모음(front vowel) [y, I, ey, ɛ, æ], 중설모음(central vowel) [ʌ], 후설모음(back vowel) [uw, ʊ, ow, a, ɔ]으로 나뉜다. 조음기관의 긴장도에 따라서 모음들은 또다시 분류가 된다. 혀가 긴장되어 나는 긴장 모음(tense vowel) [iy, ey, a, ɔ, ow, uw]과 혀가 이완되어 나는 이완 모음(lax vowel) [I, ɛ, æ, ʌ, ʊ]이 있다.

혀의 높이
    고모음   [iy, I, uw, ʊ]
    중모음   [ey, ɛ, ʌ, ow]
    저모음   [æ, a, ɔ]
혀의 전후
    전설모음   [iy, I, ey, ɛ, æ]
    중설모음   [ʌ]
    후설모음   [uw, ʊ, ow, a, ɔ]
조음기관의 긴장도
    긴장 모음   [iy, ey, a, ɔ, ow, uw]
    이완 모음(lax vowel)   [I, ɛ, æ, ʌ, ʊ]
입술 둥글게 하기
    원순음   [uw, ʊ, o, ɔ]
    비원순음   [iy, I, ey, ɛ, a, ʌ]

지금까지 살펴본 모음을 도표로 나타내면 다음과 같다. 이 도표는 Celce-Murcia(2002: 95)를 참조하였다.

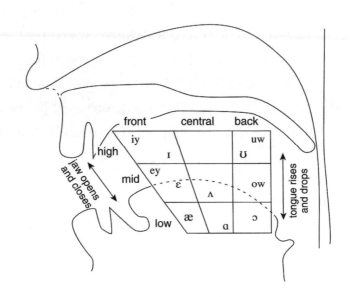

4.1 한국 영어학습자에게 어려운 모음

Hecht와 Ryan(1979: 2)에 따르면 미국 서부지역에서는 모음 /ɔ/
가 /a/로 통합되어 사용되고 있다. 그러나 다른 지역에서는 모음 /ɔ/
와 /a/를 구분하여 사용하고 있다.

한국 영어학습자가 발음하기 어려운 모음은 /ɪ/, /ɛ/, /æ/, /ʊ/, /ɔ/
등이며, 인지하기 어려운 모음은 /iy와 /ɪ/, /ey/와 /æ/, /ɛ/와 /æ/, /uw/
와 /ʊ/, /ɔ/와 /a/ 등이다.

한국 영어학습자에게 어려운 모음 정리	
발음이 어려운 모음	/ɪ/, /ɛ/, /æ/, /ʊ/, /ɔ/
식별이 어려운 모음	/iy/-/ɪ/, /ey/-/æ/, /ɛ/-/æ/, /uw/-/ʊ/, /ɔ/-/a/

4.1.1 /iy/ in sheep : /ɪ/ in ship

●●●●

다음 /iy/와 /I/의 입 모양, 혀의 높이, 혀의 위치, 입술 둥글기, 긴장 유무 등을 살펴보자.

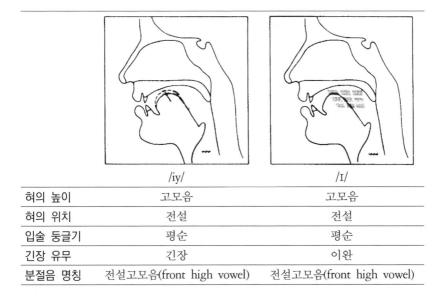

	/iy/	/ɪ/
혀의 높이	고모음	고모음
혀의 위치	전설	전설
입술 둥글기	평순	평순
긴장 유무	긴장	이완
분절음 명칭	전설고모음(front high vowel)	전설고모음(front high vowel)

/iy/와 /ɪ/의 발음

/iy/: 혀를 입천장 가까이 올리고 혀의 앞부분에서 소리가 나도록 한다. 발성근육을 긴장시키고 입술을 둥글게 하지 않는다. 이를 전설고모음(front high vowel)이라고 한다.

/ɪ/: 혀를 입천장 가까이 올리고 혀의 앞부분에서 소리가 나도록 한다. 발성근육을 이완시키고 입술을 둥글게 하지 않는다. 우리말의 '이'와 '에'의 중간쯤 해당하는 발음이다. 이를 전설고모음(front high vowel)이라고 한다.

모음 /iy/와 /I/ 차이는 /I/가 /iy/에 비해서 다소 낮은 위치에서 나고 입의 가운데 쪽에서 소리가 난다. 발성근육은 /iy/에서는 긴장 상태에서, /I/는 이완상태에서 소리를 낸다.

한국 영어학습자는 이완 모음인 /I/를 발음하는데 어려움이 있다. /I/는 우리말 [이]에 비해 입을 더 벌리고 긴장을 푼 상태에서 발음을 하면 [에]에 가까운 소리가 난다. 우리말에서는 긴장 모음인 /iy/와 이완 모음인 /I/ 둘 다 /이/ 하나로 표기하고 있어서 그 차이를 인식하지 못하고 동일하게 발음한다. 이러한 이유로 영어의 'sheep'과 'ship'을 똑같이 [쉽]으로 발음하여 의사소통에 지장을 주기도 한다.

Episode

[쉽], '양'인가 '배'인가

미국 아이다호에서 어학연수를 받던 동수는 어느 날 어학연수 프로그램의 하나로 근처 농장으로 field trip을 가게 되었다. 차를 타고 가면서 차창 밖으로는 보이는 들은 끝이 없이 펼쳐져 있었다. 가끔 소들이 한가롭게 풀을 뜯어먹는 모습도 보이고 애완용으로 키운다는 말들도 여기 저기 흩어져 있었다. 조금 지나가다 보니 한 곳에 엄청 많은 양들이 한가로이 거닐며 풀을 뜯고 있었다. 동수는 한국에서는 보기 드문 그 광경에 너무 감격해서 [룩 앹 더 쉽!] 하고 외쳤다. 옆에 있던 Cathy 선생님은 아니 웬 들판에 배가 있나 하고 쳐다보았지만 배는 없었다. 그제야 선생님은 동수가 sheep을 ship의 [쉽] 발음으로 한 것을 알고는 그 단어의 발음의 차이를 설명해 주었다. 양이란 뜻의 sheep의 모음은 배라는 뜻의 ship의 모음보다 길게 소리가 난다. 즉 [ʃiyp]처럼 길게 발음해야 한다. [쉬이입]이 우리말 소리에 가깝다. 그리고 ship은 [ʃIp]처럼 모음이 짧게 소리가 난다. [쉽]이 우리말 소리에 가깝다. 동수는 이 차이를 잘 모르고 sheep의 발음을 짧은 모음의 [쉽]으로 하여 오해를 산 것이다.

Exercise

A. 다음 예의 발음을 연습해보시오.

1. seat   sit
2. bean   bin
3. feet   fit
4. leave   live
5. meal   mill

B. 다음 단어들을 발음해보시오.

1. a. deed   b. did
2. a. leek   b. leek
3. a. heap   b. hip
4. a. it   b. eat
5. a. fill   b. feel

C. 의미에 맞게 선택하고, 소리 내어 읽어보시오.

1. She pointed to the (　　) near the island. <ship, sheep>
2. They are (　　) for the foreign country.   <living, leaving>
3. Don't (　　) on the subway platform.   <sleep, slip>
4. Those (　　) are for (　　).   <beans, bins>
5. He likes a (　　) knife for cooking.   <kin, keen>

D. 다음 문장들을 읽고, 밑줄 친 단어들의 발음 차이를 찾아봅시다.

1. These <u>heels</u> are not good for the <u>hill</u> walking.

2. He <u>needs</u> a <u>lid</u> for the cup.

3. I will <u>fill</u> the box with the <u>sheet</u>.

4.1.2 /ey/ in gate : /ɛ/ in get

다음 /ey/와 /ɛ/의 입 모양, 혀의 높이, 혀의 위치, 입술 둥글기, 긴
장 유무 등을 살펴보자.

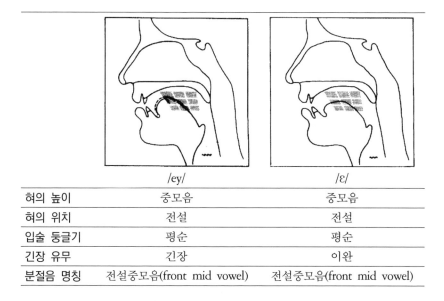

	/ey/	/ɛ/
혀의 높이	중모음	중모음
혀의 위치	전설	전설
입술 둥글기	평순	평순
긴장 유무	긴장	이완
분절음 명칭	전설중모음(front mid vowel)	전설중모음(front mid vowel)

/ey/와 /ɛ/의 발음

/ey/: 혀를 중간에서 좀 더 올라간 위치 그러나 고모음의 위치보다
는 낮은 위치에서 혀의 앞부분을 통해 소리가 나도록 한다. 발
성근육을 긴장시키고 입술을 둥글게 하지 않는다. 이를 전설중
모음(front mid vowel)이라고 한다.

/ɛ/: 혀를 /ey/보다는 낮은 중간 위치에서 혀의 앞부분을 통해 소리
가 나도록 한다. 발성근육을 이완시키고 입술을 둥글게 하지 않

는다. 이를 전설중모음(front mid vowel)이라고 한다.

모음 /ey/와 /ɛ/ 차이는 /ey/와 /ɛ/가 중간 위치에서 소리가 나지만 /ey/가 /ɛ/보다는 약간 높은 위치에서 소리가 난다. 발성근육은 /ey/에서는 긴장 상태에서, /ɛ/는 이완상태에서 소리를 낸다. 한국 영어학습자는 긴장 모음인 /ey/와 이완 모음인 /ɛ/의 식별에 다소 어려움이 있다. 긴장 모음인 /ey/는 우리말의 [에이]와 가깝고, /ɛ/는 [에]에 가까운 소리이다.

Tips
/ɛ/와 /ey/가 만난 근육통증 완화 약품 BENGAY[bɛngey]
필자가 손목을 다쳐서 병원에 갔더니 의사가 찜질과 BENGAY를 소개해 주었다. BENGAY는 크림형태로 미국 사람들이 관절염, 요통, 근육통에 보편적으로 사용하는 약이다. 이는 우리나라에서 '안티프라민'으로 알려진 약과 비슷하다. BENGAY 약 속에 바로 /ɛ/와 /ey/의 발음이 모두 들어 있다. 다음은 BENGAY의 간단한 영문 설명이다. 한 번 소리 내어 읽어 보자. "BENGAY relieves minor arthritis pain and its stiffness. BENGAY also provides soothing relief to sore, aching and strained muscles."

Exercise

A. 다음 예의 발음을 연습해보시오.

1. bait   bet
2. late   let
3. taste   test
4. sale   sell
5. mate   met

B. 다음 단어들을 발음해보시오.

1. a. waist   b. west
2. a. men   b. main
3. a. cell   b. sail
4. a. fell   b. fail
5. a. raid   b. red

C. 의미에 맞게 선택하고, 소리 내어 읽어보시오.

1. Can you (test, tease) it for the class?
2. They want to (sell, sail) the boat.
3. He likes to play (chess, chase).
4. She has too many (dates, data) for the weekend.
5. The (past, pest) is fatal.

D. 다음 표현들을 소리 내어 읽어봅시다.
1. sells the best
2. met his mate
3. sent by mail
4. tastes better
5. end of station

E. 대화를 읽으면서 /ey/, /ɛ/ 발음 차이를 확인하세요.

Teacher: Did you say you live on Bloor Street?
Student: No, I said *Bay* Street.
Teacher: You said you came last June, didn't you?
Student: No, I said I came last *May*.

4.1.3 /ɛ/ in sell : /æ/ in cat

● ● ● ●

다음 /ɛ/와 /æ/의 입 모양, 혀의 높이, 혀의 위치, 입술 둥글기, 긴
장 유무 등을 살펴보자.

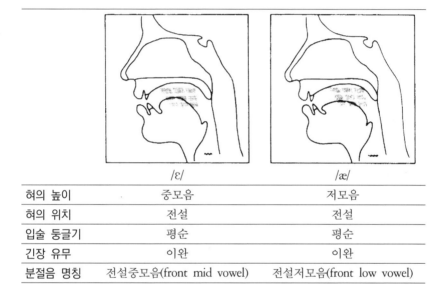

	/ɛ/	/æ/
혀의 높이	중모음	저모음
혀의 위치	전설	전설
입술 둥글기	평순	평순
긴장 유무	이완	이완
분절음 명칭	전설중모음(front mid vowel)	전설저모음(front low vowel)

/ɛ/와 /æ/의 발음

/ɛ/: 혀를 /ey/보다는 낮은 중간 위치에서 혀의 앞부분을 통해 소리
　　가 나도록 한다. 발성근육을 이완시키고 입술을 둥글게 하지 않
　　는다. 이를 전설중모음(front mid vowel)이라고 한다.
/æ/: 혀끝이 아랫니와 잇몸 사이에 자연스럽게 붙어 있는 상태에서
　　턱을 많이 내리고 입천장에서 가장 멀리 떨어져서 혀의 앞부분
　　을 통해서 소리가 나도록 한다. 이를 전설저모음(front low
　　vowel)이라고 한다.

전설저모음 /æ/는 우리말의 [애]와 비슷한데, 우리말을 발음할 때보다 턱이 더 많이 내려온다. 따라서 우리말의 [애]처럼 짧게 발음이 되지 않고, [애애]와 같이 발음된다. 한국어의 [애]가 영어의 [æ]보다 짧게 발음되는 것은 입을 조금만 벌리고 발음하기 때문이다. 영어의 bag[bæg]을 우리말의 [백]과 비교해보면 영어는 [배액]처럼 발음된다. 따라서 우리말의 '뱀'[bæm]을 원어민이 발음할 경우 [뱀]이 아니라 [배앰]으로 발음하게 된다.

한국 영어학습자는 전설저모음인 /æ/를 우리말로 [애]로 표기되어 있어 우리말 식으로 짧은 [애]로 발음하는 경향이 있다. 또한 전설중모음인 /ɛ/와 전설저모음인 /æ/의 식별에 어려움이 있다.

Episode

'나쁜 녀석들'이 '침대 소년들'로 둔갑

최근 극장가에서 관객들에게 꽤 인기가 있던 영화중에 'bad boys'라는 미국영화가 상영된 적이 있었다. 그런데 영화를 관람하던 사람들 중에 영어 원제목을 안닮시고 'bed boys'라고 발음을 하고 있었다. 문제는 자신이 잘못 발음한 내용이 '나쁜 녀석들'에서 '침대 소년들'로 바뀌었다는 사실을 전혀 눈치 채지 못했다는 사실이었다. 우리 학생들에게 발음을 시켜보았더니 상당수가 영화제목을 '침대 소년들'로 바꾼다는 사실을 알게 되었다. 그래서 우리말 단어 '개'와 '게'를 발음하게 해 보았다. 재미있는 사실은 대부분의 사람들이 'dog'를 'crab'으로 바꾸어 발음한다는 결과였다. 아마도 'bed'와 '게'에 있는 모음들이 'bad'와 '개'의 모음들 발음보다 적은 노력으로 발음할 수 있기 때문일 것이다. 그렇다면 'bat man'의 경우에도 '박쥐인간'에서 '투기꾼'으로 의미를 바꾸도록 'bet man'으로 발음하지는 않을까?

Exercise

A. 다음 예의 발음을 연습해보시오.

1. said   sad
2. send   sand
3. pest   past
4. dead   dad
5. head   had

B. 의미에 맞게 선택하고, 소리 내어 읽어보시오.

1. She put the (pan, pen) in the drawer.
2. They (laughed, left) seeing the TV show.
3. Don't (pat, pet) on his shoulder.
4. John will (bat, bet) the ball.
5. He found the (kettle, cattle) in her kitchen.

C. 다음 단어들을 해당하는 발음 빈칸에 넣으시오.

Ed	sad	wreck	band	ped	net	ban
gas	can	penned	than	lag	shall	tend
bag	lend	send	dance	end	ham	set

/ɛ/	/æ/

4.1.4 /uw/ in pool : /ʊ/ in pull

다음 /uw/와 /ʊ/의 입 모양, 혀의 높이, 혀의 위치, 입술 둥글기, 긴장 유무 등을 살펴보자.

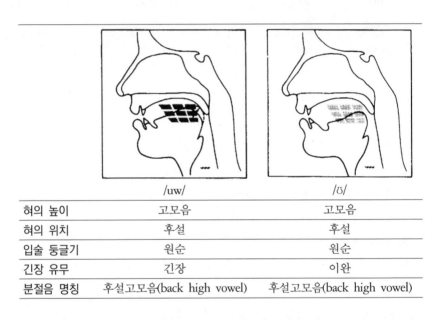

	/uw/	/ʊ/
혀의 높이	고모음	고모음
혀의 위치	후설	후설
입술 둥글기	원순	원순
긴장 유무	긴장	이완
분절음 명칭	후설고모음(back high vowel)	후설고모음(back high vowel)

/uw/와 /ʊ/의 발음

/uw/: 혀의 뒷부분을 연구개 쪽으로 올리고 입술을 앞쪽으로 약간
모아서 둥글게 한 상태에서 발음한다. 이 때 발성근육을 긴장시
킨다. 이를 후설고모음(front high vowel)이라고 한다. /uw/는 영
어의 모음 가운데서 입술이 가장 작은 둥근 모양을 하게 되어
원순성이 가장 높은 모음이 된다. 또한 /uw/는 긴장 모음이라서
보다 장모음이며 이중 모음화 하는 경향이 있다.

/ʊ/: 혀의 뒷부분을 연구개 쪽으로 올리고 입술을 둥글게 한 상태에
서 발음한다. 이 때 발성근육을 이완시킨다. 이를 후설고모음
(front high vowel)이라고 한다. 이완 모음 /ʊ/는 긴장 모음 /uw/
의 조음 방법과 유사하나 단지 /uw/보다 혀의 높이가 약간 낮아
지고 입술도 긴장이 풀려 /u/보다 입이 조금 더 벌어지며 원순성
도 덜하게 된다. 우리말의 [으]에 가까운 소리가 난다. 따라서
영어의 good은 우리말의 [굳]이라기보다는 [귿]의 가까운 소리
로 발음된다.

한국 영어학습자가 /ʊ/를 정확하게 발음하는 것과 /uw/와 /ʊ/를
정확하게 구분하여 듣고 식별하는 것이 어렵다.

Exercise

A. 다음 예의 발음을 연습해보시오.

1. pool   pull
2. fool   full
3. Luke   look
4. who'd   hood
5. could   cooed

B. 다음 단어들을 발음해보시오.

1. a. stood   b. stewed
2. a. would   b. wooed
3. a. should   b. shoed
4. a. Luke   b. look
5. a. pulling   b. pooling

C. 의미에 맞게 선택하고, 소리 내어 읽어보시오.

1. He said they (cooed, could) toward the birds.
2. It (stood, should) all day.
3. They are (pulling, pooling) the line.
4. He filled the box (fool, full).
5. I like the black (suit, soot).

D. /uw/, /ʊ/ 중에서 적절한 발음에 표시하시오.

	/uw/	/ʊ/
1. book	_____	___√___
2. boot	_____	_____
3. put	_____	_____
4. cook	_____	_____
5. two	_____	_____
6. who	_____	_____
7. would	_____	_____
8. food	_____	_____
9. took	_____	_____
10. school	_____	_____

4.1.5 /ʌ/ in nut : /a/ in not

●●●●

다음 /ʌ/와 /a/의 입 모양, 혀의 높이, 혀의 위치, 입술 둥글기, 긴
장 유무 등을 살펴보자.

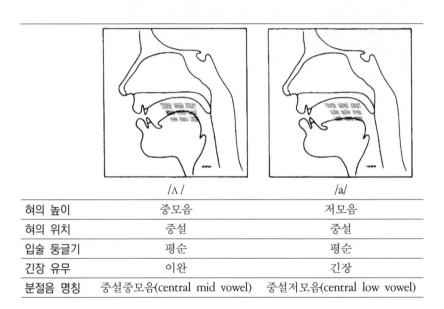

	/ʌ/	/a/
혀의 높이	중모음	저모음
혀의 위치	중설	중설
입술 둥글기	평순	평순
긴장 유무	이완	긴장
분절음 명칭	중설중모음(central mid vowel)	중설저모음(central low vowel)

/ʌ/와 /a/의 발음

/ʌ/: 혀의 높이를 입천장에서 조금 떨어뜨린 중간부분에 위치시키
고 혀의 중앙 부분에서 발성근육을 이완시키고 발음을 한다. 이
를 중설중모음(central mid vowel)이라고 한다. 중설중모음 /ʌ/
는 우리말의 [어]와 같은 소리가 난다.

/a/: 혀끝을 아랫니와 잇몸 뒤쪽에 붙이고 턱을 가능한 많이 내리고
소리를 낸다. 이 때 발성근육을 긴장시킨다. 이를 중설저모음

(central low vowel)이라고 한다. 중설저모음 /a/는 우리말의 [아]와 비슷하지만, 우리말의 [아아]처럼 발음된다. 이것은 /a/의 발음도 /æ/와 같이 입을 많이 벌리면서 발음해야 하기 때문에 생기는 현상이다. 우리말의 [아]는 영어에는 없는 음이다. 우리말의 [아]는 턱을 조금만 내리고 입술을 조금만 벌리고도 충분히 발음된다. 그러나 영어의 [a]는 턱을 많이 내려야 한다. 따라서 영어의 'not' [nat]은 [낫]이라기보다는 [나아앗]처럼 발음된다. 우리말의 '밤'이나 '사랑'을 미국사람이 발음하게 되면 [밤]이 아니라 [바암]으로, [사랑]이 아니라 [싸아랑]으로 발음하게 된다.

한국 영어학습자는 /a/를 우리말의 [아]처럼 짧게 발음하는 경향이 있다. 그리고 /ʌ/-/a/, /ʌ/-/ɔ/를 정확하게 구분하여 듣고 식별하는 것이 어렵다. 예를 들어 영어의 color를 우리는 [칼라]라고 발음하는 경향이 있다. 그러나 우리말 [칼라]에 가까운 영어는 옷깃을 의미하는 'collar'이다. 영어의 color는 [kʌlər]로서 우리말로 [컬러]라고 하는 것이 맞다. 그리고 옷깃을 의미하는 'collar'는 [kálər]로서 우리말의 [칼러]에 가깝다. 따라서 한국 영어학습자는 /ʌ/-/a/의 식별에 각별히 유의를 해야 한다. Celce-Murcia(2000)에 따르면 다수의 북미 영어사용자들은 /ɔ/와 /a/를 구분하지 않고 있다. /ɔ/가 /a/로 통합되어 사용되는 경향이 있다. 따라서 /ʌ/-/a/의 대조가 아주 중요하다.

Episode

미쓰 [안]이 누구예요

우리 사무실에 영어 잘하고 성취욕이 높은 Miss Ahn이 있다. 최근에 Miss Ahn이 경영혁신 아이디어모집에서 대상을 차지했다. 김 과장은 최근 사내에서 일어난

놀라운 소식을 옆에 있는 미국인 동료에게 말을 하였다. 얼마 전에 우리 회사에 있는 [미쓰 안]이 경영혁신 아이디어 모집에 대상을 차지했다고 말해주었다. 근데 그 미국인이 Miss Ahn이 누구냐고 묻는 것이었다. 김 과장은 그 유명한 우리 회사의 [미쓰 안]을 모르냐고 반문하였다. 그 때 그 미국인은 [오우, 미쓰 아안]하고 말하는 것이었다. 김 과장의 영어발음이 잘못된 것이었다. 영어의 [a]는 우리 말의 [아]를 발음하는 것보다 턱을 더 많이 내려서 발음을 해야 한다. 그러면 우리 말의 [아아]처럼 발음된다. 따라서 김 과장은 [미쓰 아안]이라고 발음을 해야 미국인과 제대로 의사소통이 되는 것이다.

Exercise

A. 다음 예의 발음을 연습해보시오.

1. nut   not
2. hut   hot
3. cup   cop
4. come   calm
5. fund   fond

B. 다음 단어들을 발음해보시오.

1. a. hub   b. hob
2. a. duck   b. dock
3. a. pup   b. pop
4. a. cut   b. cot
5. a. pomp   b. pump

C. 의미에 맞게 선택하고, 소리 내어 읽어보시오.

1. She raises a (hog, hug).
2. That's my (luck, lock) to meet Jane.
3. He (coated, caught) the apple.
4. Is it (down, dawn) yet?
5. My (boss, bass) was two hour late.

D. 밑줄 친 단어의 발음이 /ʌ/, /a/ 중 무엇인지 적으시오.

1. He **caught** a fish. _____

2. He **cut** a fish. _____

3. Don't **rub** me. _____

4. Don't **rob** me. _____

5. He gave his wife a **hug**. _____

6. He gave his wife a **hog**. _____

5 영어 이음: 변신과 실체

필자는 위치에 따라 그 기능이 달라 그 때마다 불리는 명칭이 다양하다. 학교에서는 학생들을 가르치고 연구하는 기능을 하므로 교수로 불리고, 집에서는 한 아이의 아빠로 한 아내의 남편으로 불린다. 그렇다고 필자가 여러 명으로 존재하는 것은 아니다. 필자라는 사람은 변함이 없지만 어떤 위치에서 어떤 역할을 하느냐에 따라 이름만 달리 불릴 뿐이다. 마찬가지로 영어의 [p], [t], [k]는 이 소리들이 어느 위치에 오느냐에 따라 불리는 이름이 다르고 실제적인 발음도 달라진다. 즉 'p, t, k'가 단어 처음에 올 때는 유기음이 되어 우리말에 'ㅍ, ㅌ, ㅋ'로 소리가 나고, s 다음에 p, t, k가 오면 무기음이 되어 우리말에 'ㅃ, ㄸ, ㄲ'로 소리가 난다. 그렇다고 해서 'p, t, k'의 실체가 달라져서 의미차이를 가져오지는 않는다. 가령 영어의 pin [pʰin]이나 spy[sp⁼ai]에서 p가 위치에 따라 [pʰ]나 혹은 [p⁼]로 달리 발음된다 하더라도 이들을 영어 모국어 화자는 p라는 소리의 변질된 소리로만 생각한다. 이 때 영어 모국어 화자의 머리 내부에 추상적으로 존재하는 'p'를 음소(phoneme)라고 하고, '/ /'를 사용하여 음소임을 나타낸다. 따라서 머리 내부에 추상적으로 존재하는 p의 음소는 /p/처럼 나타낸다. 그리고 이 음소 /p/의 변신된 소리들, 즉 단어 처음에 오는 'p'의 [pʰ]나 s 다음에 오는 'p'의 [p⁼]를 음소 /p/의 변신된 소리라고 하여 이음(allophone)이라고 한다.

> **음소(phoneme):** 우리 머리 내부에 추상적으로 존재하며 실제적으로 발음할 수 없고 단지 심리적인 존재로 인식되는 소리이다. 의미 변화의 기초가 된다.
> **이음(allophone):** 위치에 따른 한 음소의 다른 소리를 말하며 음소보다는 덜 추상적이며 실제 발음에 거의 가깝다.
>
>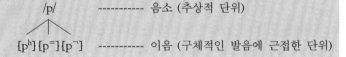
>
> /p/ ----------- 음소 (추상적 단위)
>
> [pʰ][p⁼][p˺] ----------- 이음 (구체적인 발음에 근접한 단위)

5.1 p, t, k의 이음

5.1.1 유기음으로서 p, t, k

> · p, t, k가 어두에 오는 경우 → pʰ, tʰ, kʰ
> · p, t, k가 어두에 오는 경우에는 우리말의 'ㅍ, ㅌ, ㅋ'처럼 발음한다. 위첨자 [ʰ] 수반 소리를 기식음(aspiration)이라고 한다.

pen → [pʰen]　　　　ten → [tʰen]　　　　ken → [kʰen]

　무성 폐쇄음 'p, t, k'가 어두에 오는 경우는 공기가 파열되어 각각 유기음(aspirated sound) 'pʰ, tʰ, kʰ'로 소리가 난다. 우리말에 /ㅍ, ㅌ, ㅋ/와 유사한 발음이다. 위첨자 글자 'ʰ'는 기음(aspiration)을 나타낸다. 유기음을 알아보는 방법으로는 촛불 앞에서 무성 폐쇄음이 들어간 단어들을 발음할 때 촛불이 떨리는 것을 통해서 알 수가 있다.

촛불 대신에 얇은 종이를 이용할 수도 있다. 반면에 무성 폐쇄음이 's' 다음에 오는 경우에는 무기음(unaspirated sound) 되어서 이들을 발음할 때는 반대로 촛불이 떨리거나 종이가 흔들려서는 안 된다.

한국 영어학습자는 영어의 어두에 오는 무성 폐쇄음의 유기음을 약하게 발음하는 경향이 있다. 따라서 영어의 무성 폐쇄음 /p, t, k/ 와 유성 폐쇄음 /b, d, g/를 식별하는데 어려움이 있다. 예를 들어 영어의 pack/back, tie/die에서 /p/와 /t/의 기음이 약해지면 pack이 back으로 tie가 die로 들리므로 주의를 해야 한다. 우리말의 경우 한 동안 우리는 '부산'의 영문표기를 Pusan으로 했는데 이는 특히 미국인들은 '부산'을 발음할 때 유기음 [pʰ]로 발음하는 것을 반영한 것이다. 현재는 영문표기가 우리말의 발음을 반영하여 Busan으로 사용하고 있다. 이제 여러분들은 동일한 우리말의 '부산'이 왜 Pusan과 Busan으로 표기가 오락가락 했는지 이해할 것이다. 또한 한국 영어학습자들은 영어의 pin을 [삔]처럼 우리말의 된소리로 발음하는 경향이 있다. 이러한 발음이 원어민과 의사소통을 할 때 의미 차이를 가지고 와서 의사소통을 방해하는 것은 아니지만 이러한 발음을 사용하는 사람을 외국말 어투(foreign accent)가 있다고 생각한다.

Exercise

A. 다음 예의 발음을 연습해보시오.

1. pay
2. pie
3. pill
4. pony
5. tea
6. ten
7. top
8. call
9. keep
10. kit

B. 해당하는 단어를 3개씩 쓰고 발음해보자.

p로 시작하는 단어	t로 시작하는 단어	k로 시작하는 단어

C. 의미에 맞게 선택하고, 소리 내어 읽어보시오.

1. He bought a (   ) and a (   ) and (   )

   <pin, pen, postcard>

2. Could you (   ) us the (   ), please?   <time, tell>

3. It's exactly (   ) minutes (   ).

   <twenty two, to ten>

4. She is in (   ) with a (   ).   <cold, bed>

5. (   ) valuables under lock and (   ).   <key, keep>

5.1.2 무기음으로서 p, t, k

●●●●

> • s 다음에 오는 p, t, k → p⁼, t⁼, k⁼
>
> • s 다음에 나오는 p, t, k는 p⁼, t⁼, k⁼로 발음된다. 위첨자 글자 '⁼'는 비기식음
> (unaspirated sound)이라 하고, 한국어의 'ㅃ', 'ㄸ', 'ㄲ' 등과 유사하게 발음한다.

spy → [sp⁼ai]　　　star → [st⁼ar]　　　sky → [sk⁼ai]

　음성 's' 다음에 나오는 'p, t, k'는 무기음인 'p⁼, t⁼, k⁼' 발음이
된다. 우리말에 /ㅃ, ㄸ, ㄲ/와 유사한 발음이 난다. 이를 /ㅍ, ㅌ, ㅋ/
로 발음하지 않도록 주의한다.

　한국 영어학습자는 영어의 spy, stay, sky를 각각 [스파이], [스테
이], [스카이]로 발음하는 경향이 있다. 이러한 발음이 원어민과 의사
소통을 할 때 의미 차이를 가지고 와서 의사소통을 방해하는 것은 아
니지만 이러한 발음을 사용하는 사람을 외국말 어투(foreign accent)
가 있다고 생각한다.

Episode

'007 나를 사랑한 스파이'는 영국의 작가 이안 플레밍(Ian Fleming) 원작의 007시
리즈 10번째 영화로 1977년에 만들어졌다. 주인공인 제임스 본드 역은 로저 무
어(Roger Moore)가 맡았고, 루이스 길버트(Lewis Gilbert)가 연출하였다.
영화의 내용을 잠깐 살펴보면 세계적인 갑부이며 해양학자인 칼 스트롬버그는
해저왕국 통치의 환상을 품고 지구를 파괴하려 한다. 그는 미국, 영국, 소련의
핵잠수함을 납치한 뒤 이들 나라에 핵미사일을 발사하여 핵전쟁을 일으킨 뒤 바
다에 새로운 세계를 건설하려는 음모를 가지고 있는데, 제임스 본드가 이에 맞서
싸우는 내용이다. 스트롬버그의 수족으로 등장하는 심복부하 조스 역으로 2미터
가 넘는 신장을 자랑하는 리차드 킬(Richard Kiel)이 등장하는데, 그는 무쇠 같은
이빨을 가지고 있다고 하여 '조스'라는 별명을 갖고 있다. 이전의 두 편의 로저

무어의 작품이 홍행에서 부진했던 것에서 벗어나 홍행에 크게 성공한 작품이다. 여기서 문제는 영화제목 '007 나를 사랑한 스파이'에서 [스파이]의 발음이다. 영어 spy를 [스파이]이로 발음한다면 '007 나를 사랑한 [스파이]'는 존재하지 않는다. 왜냐면 [스파이]의 발음에는 다음과 같은 문제가 있다. [파]의 발음인데 영어에서는 s 다음에 p, t, k가 오면 모두 경음으로 발음되어 우리말에 [ㅃ], [ㄸ], [ㄲ]처럼 소리가 난다. 따라서 이러한 영어발음의 원리에 따라 spy[sp$^=$ai]는 [스파이]가 아니라 [스빠이]로 발음하는 것이 훨씬 영어발음에 가깝다.

Exercise

A. 다음 예의 발음을 연습해보시오.

1. spear
2. speak
3. Spain
4. spite
5. spot
6. spaghetti
7. spring
8. stead
9. stay
10. still

B. 다음 공란에 해당하는 단어를 3개씩 적으시오.

st-	sp-	sk
_____	_____	_____
_____	_____	_____
_____	_____	_____

5.1.3 불파음으로서 p, t, k

●●●●

- p, t, k가 단어 끝에 오게 되면 구강 내에서 막혀 있던 공기가 방출되지 않는다. 이를 불파음(unreleased sound)이라고 한다.
- p˥, t˥, k˥처럼 위첨자 글자 [˥]를 사용하여 공기가 방출되지 않는 것을 표시한다.

cup → [kʌp˥]   hat → [hæt˥]   kick → [kik˥]

단어 끝에 오는 /p, t, k/는 어두에 오는 /p, t, k/와 's' 다음에 오는 /p, t, k/와는 달리 조음이 완전히 이루어지지 않는다. 예를 들어 영어의 cat의 't'는 혀끝이 치경에 그대로 있는 채 공기가 파열되지 않고 소리가 만들어진다. 이를 불파음(unreleased sound)이라고 하며 'p˥, t˥, k˥'처럼 어깨글자 [˥]를 사용하여 공기가 방출되지 않는 것을 표시한다.

한국 영어학습자는 단어 끝에 오는 불파음 /p, t, k/를 파열시켜 유기음으로 발음하는 경향이 있다. 예를 들어 영어의 'book'을 [부크]로 'peak'를 [피이크]처럼 단어 끝에 오는 무성 폐쇄음을 파열시켜 유기음으로 발음한다. 이러한 발음 또한 의사소통을 방해하는 것은 아니지만 이러한 발음을 사용하는 사람을 외국말 어투(foreign accent)가 있다고 생각한다.

Exercise

A. 다음 예의 발음을 연습해보시오.
1. rip
2. gap
3. cap
4. cat
5. spot
6. hit
7. seat
8. book
9. lack
10. pick

B. 다음 -p, -t, -k로 끝나는 단어를 공란에 3개씩 적고 큰소리로 읽어보자.

-p	-t	-k
_____	_____	_____
_____	_____	_____
_____	_____	_____

5.2   맑은(clear) l과 어두운(dark) l

영어의 /l/은 위치에 따라 두 가지 소리로 난다. 단어 처음에 오는 맑은 [l]과 단어 끝에 혹은 자음 앞에 오는 어두운 [ɫ]이다. 맑은 [l]은 혀끝 부분을 윗니 뒤쪽 부분에 있는 볼록한 부분(치경)에 쭉 펴서 갖다 대고 공기를 혀 양쪽으로 내보내면서 소리가 나고, 어두운 [ɫ]은 혀끝을 치경부분에 갖다 댐과 동시에 혀 뒤 부분을 연구개에 붙여서 마치 혀를 ⌣ 이런 모양으로 하여 공기를 혀 양쪽으로 내보내면서 소리를 낸다. 따라서 어두운 l의 발음은 마치 우리말의 '얼'처럼 발음된다. 한국 영어학습자는 맑은 [l]과 어두운 [ɫ]을 구분하지 않고, 맑은 [l] 하나로 모두 발음하는 경향이 있다.

Episode

milk가 [미역]이라고요?

몇 해 전 개그우먼이 TV에 나와서 자신이 미국 생활 중 영어 때문에 고생한 일화를 한 토막 털어놓았다. 어느 날 우유를 사기 위해 마켓에 갔는데 아무리 자기가 [밀크]라고 해도 미국인 점원이 알아듣질 못하여서 우유 사기가 어려웠다고 한다. 도대체 누가 영어를 못하는 건지 궁금해 하면서 이웃집 한국인 아주머니에게 이 이야기를 하였다. 그 때 아주머니는 자기도 비슷한 경험이 있었다고 하면서 차라리 [미~역]이라고 발음하면 알아들을 것이라고 하였다. 다음날 가게에 가서 [미~역]을 달라고 하니까는 정말로 점원이 우유를 주었다고 한다.
한국 사람이 영어를 배울 때 어려운 발음 중의 하나가 바로 [l] 발음이다. [l]을 발음할 때 혀끝을 치경에 붙이는 것은 필연적이나 혀 전체가 놓이는 모양은 비교적 자유로워서 혀의 앞부분, 가운데부분 또는 뒷부분을 각각 경구개, 연구개에 접근시키는 것에 따라 소리가 조금씩 달라진다. 접미사 -ly나 어두 혹은 어두 자음군에 오는 l[l]을 맑은(clear) l이라 하고, 어말 혹은 어말 자음군에 오는 l[ɫ]을 어두운(dark) l이라고 한다. 맑은 l은 혀를 펴서 치경부분에 갖다 대고 혀 뒤 부분이 연구개에 닿지 않는다. 한편, 어두운 l은 혀끝을 치경부분에 갖다댐과 동시에 혀 뒤 부분은 연구개에 갖다 대어서 마치 혀가 ⌣ 이런 모양이 된다. 따라서 어두운 l의 발음은 마치 우리말의 '얼'처럼 발음된다. 따라서 milk[milk]는 우리말에 [미얼크]와 유사하게 발음된다.

Exercise

A. 다음 예의 발음을 연습해보시오.

1. light
2. law
3. long
4. badly
5. fill
6. pull
7. call. belt
8. help
9. film
10. hole

B. 다음 단어들을 발음해보시오. ([l] 발음에 유의)

1. light   night
2. lice   rice
3. snow   slow
4. race   lace
5. long   wrong
6. glass   grass
7. road   load
8. rain   lane
9. knot   lot
10. fly   fry

5.3 탄설음화(flapping) 현상

V(강세 모음) t V → D or R
<위의 D 혹은 R 음은 /d/나 /r/의 발음과 비슷하다.>

wríte → riDe   wáter → waRer

미국식 영어에서 t 음이 모음과 모음 사이에 오고 앞에 있는 음절에 강세가 오는 경우에 't' 소리는 혀가 순간적으로 윗니 뒷부분에 있는 치경돌기를 치고 제자리에 돌아온다. 이 때 소리는 유성 치경 폐쇄음 /d/와 비슷하게 발음된다. 이러한 현상을 가리켜 탄설음화(flapping)라고 하며, /D/ 혹은 /R/로 발음된다. /D/와 /d/ 모두 혀끝이 치경부분을 닿는 것은 같지만 /D/는 치경돌기를 순간적으로 살짝 치고 돌아온다는 점에서 /d/와 다르다. /R/과 /r/의 차이는 /R/은 혀가 치경돌기를 닿지만 /r/은 혀가 입천장의 어느 부분도 닿아서는 안 된다. 탄설음화 현상은 특히 영국식 발음과 미국식 영어 사이에 두드러진 발음의 차이를 가져오는 현상 중의 하나이다. 한국 영어학습자는 탄설음화 /D/ 혹은 /R/을 단어와 단어 사이에서 잘 활용을 못하는 경향이 있다.

Exercise

A. 다음 예의 발음을 연습해보시오.

1. water
2. letter
3. citizen
4. atom
5. later
6. better
7. hotter
8. city
9. Betty
10. computer
11. attitude
12. forty
13. thirty
14. spaghetti
15. vitamin

B. 빈칸 표현을 발음하시오. (탄설음화에 유의)

1. I (go to) bed early.
2. It (satisfies) my longing as nothing else can do.
3. Okay, I'll try again, (later).
4. Why did you (let him) read her (letter)?
5. Betty bought some (butter).

6. I (get up) actually very early in the morning to come to work.

C. 다음 예를 읽고, 탄설음화 부분에 밑줄을 치시오.

1. Get out of here.
2. Write it.
3. He hit it.
4. They got all the money.
5. He can't seem to get over this cold.

5.4 성문음화(glottalization) 현상

t + n 또는 l → ʔ + n 또는 l

n 혹은 l 앞에 t가 오는 경우에는 t 소리가 정상적인 /t/ 소리로 나지 않고 성문 폐쇄음 [ʔ]으로 흔히 발음된다.

button → [bʌʔn]   bottle → [baʔl]

　자음 'n' 혹은 'l' 앞에 't'가 오는 경우에는 't' 소리가 정상적인 /t/ 소리로 나지 않고 성문 폐쇄음(glottal stop)으로 흔히 발음된다. 성문 폐쇄음은 폐에서 올라오는 공기를 성문에서 완전히 막았다가 압축된 공기를 성문을 통해서 순간적으로 내보내면서 조음하는 소리로서, [ʔ]으로 표기한다. 이 소리는 우리가 배에 힘을 주고 '앗, 앗' 하고 기압을 줄 때 느낄 수 있다. 한국 영어학습자는 성문음화 현상을 잘 이용하지 않는 경향이 있다.

Exercise

A. 다음 예의 발음을 연습해보시오.

1. button
2. kitten
3. latent
4. mitten
5. written
6. mutton
7. mountain
8. fountain
9. certain
10. curtain
11. forgotten

B. 빈칸 표현을 발음하시오. (성문음화에 유의)

1. She's (forgotten) the (carton) of satin (mittens).
2. (Students) study (Latin) in (Britain).
3. I'm (certain) that she has (written) it.
4. It cannot be contained by pushing a (button).
5. They opened the scenic (mountain) resort to foreign investment.

5.5 유성자음/무성자음 앞에서 모음길이

- V1+C(유성자음)
- V2+C(무성자음)] V1이 V2보다 더 길게 발음된다.

food   foot   cub   cup   lab   lap

영어의 'food'과 'foot'의 차이는 언뜻 보기에는 단어 끝에 오는 유성 폐쇄음 /d/와 무성 폐쇄음 /t/의 소리 차이인 것 같다. 그러나 실제적으로는 단어 끝에 오는 자음보다는 그 앞에 나오는 모음의 길이에 의해서 두 단어의 의미차이를 구분한다. 일반적으로 영어 모음은 무성자음 앞에 올 때보다 유성음 앞에 올 때 더 길게 발음된다. 또한 강세 음절에 있는 모음이 길게 발음되고, 모음으로 끝나는 경우에는 유성자음 앞에 오는 모음보다 더 길게 발음된다. 그렇지만 한국 영어학습자는 영어의 'food'과 'foot'의 차이를 모음보다는 단어 끝에 오는 유성자음과 무성자음의 차이로 인식하는 경향이 있다.

Exercise

A. 다음 예의 발음을 연습해보시오.

1. food   foot
2. cab   cap
3. cub   cup
4. lab   lap
5. road   wrote
6. robe   rope
7. league   leak
8. ride   write
9. grade   great
10. edge   etch

B. 의미에 맞게 선택하고, 소리 내어 읽어보시오.

1. Put the toy (cab, cap) in your suitcase.
2. This is my favorite (pub, pup) to visit.
3. I was frightened by the (news, noose).
4. I can see a (wide, white) line on the pavement.
5. We will soon have some (peas, peace) in the house.

영어 리듬의 기본단위: 음절

6.1 음소보다 크고 형태소보다는 작은 음절(Syllable)

언어음을 분석하거나 기술하기 위해서 연속상태의 음을 단위나 범주로 분류할 때, 음절은 개념상으로 음소보다는 크고 형태소보다는 작은 단위에 해당한다. 이를테면 두 개의 음절로 이루어진 about /ə-baut/의 경우, /ə/는 단 하나의 음소로 이루어진 음절이지만 /baut/은 4개의 음소로 한 음절을 이루므로 음소보다 크다. 또한 세 개의 음절로 이루어진 beautiful /bju:-tɪ-ful/은 beauti-ful과 같이 두 개의 기본 의미단위인 형태소로 구성되어 있으므로 형태소보다는 작다. 따라서 음절은 음소와 형태소 사이에 위치한 중간 단위라고 할 수 있다. 다음의 경우들은 언어에서 음절이 반드시 설정되어야 하는 이유들을 정리한 내용이다.

첫째, 발화실수(speech errors)로 인한 분절음 교체현상에서 그 타당성을 찾아 볼 수 있다. 예를 들어 Fromkin(1971: 39)의 ma-ga-zine →ma-za-gine에서 'g'와 'z' 분절음들의 상호치환은 임의적으로 아무렇게나 바뀐 것이 아니라 'za'와 'gine'의 음절두음(onset)의 자음이 서로 바뀐 것이다. 이를 형태소 구조나 단어구조로 설명할 수 없다. 이와 같이 한 음절의 두음, 핵음, 말음의 위치에 있는 분절음이 다른 음절의 동일한 위치에 있는 분절음들과 서로 교체되는 현상은 음절이라는 단위를 인정할 때 비로소 설명이 가능하다.

둘째, 음절을 단위로 사용하는 음절문자(syllabary)체계에서 음절이 기본적인 언어단위로 사용되고 있다. 대표적인 예로 체로키어(Cherokee)의 음절문자를 들 수 있다(Sloat et al. 1978: 57~58). 이는 체로키어의 학자인 Sequoya가 1821년에 자신의 모국어를 위해 철자체계를 고안한 것으로 각 음절을 기호화한 것이다. 가령 Sequoya를 음절문자로 나타내면 각 음절은 세 개의 기호로 나타난다; si-kwo-ya (Ꮟ Ꮛ Ꮽ).

셋째, 음절이 심리적 실재를 지닌 중요한 단위로 인식되고 있다. 예를 들어 영어를 모국어로 사용하는 화자에게 singer가 몇 개의 음절로 이루어졌느냐고 물어보면 대체로 두 개의 음절로 되어 있다고 대답한다. 이처럼 언어적 훈련을 전혀 받지 못한 화자라 할지라도, 한 단어의 여러 개의 음절을 쉽게 알아낼 수 있는 것은 음절이 심리적 실재를 지닌 중요한 단위라는 사실을 가리킨다.

6.2 영어의 음절 속 들여다보기

영어의 음절은 적어도 하나의 모음과 이 모음의 앞과 뒤에 일정한 자음이 결합하여 이루어진다. Jespersen(1909: 453)은 음절의 구성에 대하여 다음과 같이 말한다.

"다른 언어와 마찬가지로 영어에서 어떤 음절은 하나의 모음으로 구성되어 있고 또 어떤 음절은 이중모음(diphthongs)이나 삼중모음(triphthongs)을 이루는 두 개 또는 세 개의 모음으로 구성되어 있다. 마지막으로 모음을 하나도 갖고 있지 않은 음절도 있는데 이런 경우에는 자음이 음절의 정점을 이룬다."

음절이 모음을 갖고 있는 경우에는 그것이 단순모음이든 장모음이든 또는 이중모음이거나 삼중모음이라고 하더라도 그것은 하나의 모음으로 간주할 수 있다. 모음은 음절을 구성하는 필수적인 요소이며 이것을 음절 핵음(peak)이라 한다. 모음의 앞이나 뒤에 오는 자음은 음절을 구성하는 필수적인 요소는 아니고 선택적(optional)이다. 이러한 음절구조를 일직선상의 평면에 표시하면 (C)V(C)가 된다. 음절 핵의 앞에 오는 자음과 뒤에 오는 자음은 선택적이기 때문에 '( )' 속에 넣는다. 음절 핵의 앞에 오는 자음을 음절두음(onset)이라 하고, 음절 핵의 뒤에 오는 자음을 음절말음(coda)이라고 한다. 음절두음과 음절말음에 오는 자음의 수는 pen이나 bit처럼 하나일 수도 있고, stand처럼 두 개일 수도 있다. stray나 splash는 음절두음이 세 개의 자음연속으로 구성되고, glimpse[glimps]나 next[nekst]는 음절말음이 세 개의 자음연속으로 이루어진다. 영어에서 음절두음에 올 수 있는 자음연속의 수는 최대 3개까지이나 음절말음에는 4개의 자음이 연속해서 올 수 있다. 예를 들면 prompts, exempts, flimpsed, sculpts, texts 등이다. 따라서 영어의 보편적 음절구조는 (C)(C)(C)V(C)(C)(C)(C)로 표시할 수 있으며 이것을 도식으로 표시하면 $C_0^3 V C_0^4$가 된다. C_0는 자음수의 하한선을 나타내고, C^3과 C^4는 각기 자음수의 상한선을 나타낸다. 이를 계층적 구조로 나타내면 다음과 같다.

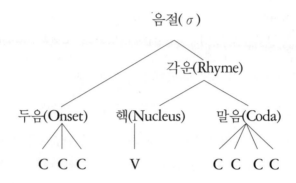

한편, 한국어는 영어의 음절구조와 다르다. 한국어의 최대음절구조 (maximum syllable structure)는 CVC이다. 즉 한국어에서는 영어와는 달리 음절두음과 음절말음에 각각 최대 한 개의 자음밖에 올 수 없다. 따라서 영어의 strike을 우리말로 표기할 경우에는 모음 앞에 자음을 하나만 가질 수 있기 때문에 부득불 '스트라이크'(CVCVCVCVCV)처럼 5음절로 표시할 수밖에 없다. 그러나 이를 영어식으로 발음한다면 CCCVC처럼 1음절어로 발음을 해야 한다. 우리가 생각하기에는 '그게 뭐 그렇게 중요한가?' 할지 몰라도, 이것을 제대로 지키지 않으면 일본 사람들이 "김치"를 "기므치"라고 발음하는 것이 우리에게 이상하게 들리는 것처럼 영어 모국어 화자에게는 우리의 발음이 이상하게 들릴 수 있다. 아래와 같이 일본 사람들은 일본어의 음절구조가 CV이기 때문에 김(CVC) 치(CV)를 음절구조에 맞게 하기 위해서 기(CV) 무(CV) 치(CV)로 발음할 수밖에 없다.

- 영어의 음절구조:　　CCCVCCCC
- 한국어의 음절구조: CVC
- 일본어의 음절구조: CV

| 유의 | 한국 영어학습자는 영어발음에 '으'나 '이'를 첨가하는 경향이 있다. |

한국 영어학습자들은 영어 단어 모음 앞에 자음이 두 개 이상 오거나 음절 끝에 자음이 오는 경우 '으'나 '이'를 붙여서 독립된 음절로 발음하는 습관이 있다. 이는 영어의 음절구조와 한국어의 음절구조가 다른 데서 기인하는 것이다.

<보기>

	영어발음	영어의 음절구조(음절 수)	한국어 발음	한국어의 음절구조(음절수)
black	[blæk]	CCVC (1음절)	[블랙]	CVCVC (2음절)
stop	[stɑp]	CCVC (1음절)	[스땁]	CVCVC (2음절)
strike	[straik]	CCCVC (1음절)	[스뜨라이크]	CVCVCVCVCV (5음절)
bus	[bús]	CVC (1음절)	[버스]	CVCV (2음절)
touch	[túʧ]	CVC (1음절)	[터치]	CVCV (2음절)

위의 영어 단어의 고딕체로 된 발음기호를 보면 자음 중간에 혹은 마지막에 모음이 없지만 이 부분에 대한 우리말 발음표기를 보면 모음 '으'나 '이'가 첨가되어 있다. 따라서 이런 경우 영어발음을 할 때 반드시 '으'나 '이'를 첨가하지 않도록 주의해야 한다.

Exercise

A.다음 영어 단어의 음절구조를 표시하시오.

<보기> strike   CCCVC

1. ease   _____

2. called   _____

3. focus   _____

4. emphasis   _____

5. happy   _____

6. analysis   _____

B. 영어 음절구조에 맞는 단어를 하나 이상 제시하시오.

1. CCCVC

2. CCVCC

3. CVC

4. CVCCC

5. VCC

6. VC

7. V

6.3 음절수 세기

6.3.1 단어와 문장에서

음절의 수를 셀 때 주의할 것은 영어의 음절구조와 한국어의 음절 구조가 다르다는 것을 인식하는 것이다. 그리고 음절의 수를 세는 데 핵심이 되는 것은 그 단어가 가지고 있는 모음을 파악하는 것이 다. 다음은 음절수에 따라 해당 단어들을 예시한 것이다.

1 syllble	2 syllable	3 syllable	4 syllable	5 syllable
write	terror	semester	ordinary	necessarily
will	seven	easily	identify	university
stop	mistake	sympathy	indication	reciprocator
mere	neon	committee	economics	personality
spurt	spirit	electric	psychology	irradiation
called	focus	syllable	analysis	representative
one	seven	eleven	importantly	ingenuity

Exercise

A. 다음 단어를 듣고 난 뒤, 음절의 수를 쓰고, 파트너와 비교해보시오.

<보기> doctor   2

1. radio   _____

2. beautiful   _____

3. cucumber   _____

4. friendly   _____

5. choose   _____

6. through   _____

7. thorough   _____

8. banana   _____

9. hamburger   _____

10. beef   _____

B. 각 음절에 해당하는 음식이름을 파트너와 함께 쓰시오.

1 syllable	2 syllable	3 syllable
bean	apple	potato
pork	melon	spaghetti
cake	pasta	coconut
_____	_____	_____
_____	_____	_____
_____	_____	_____
_____	_____	_____

C. 다음 문장을 읽고 음절수를 쓰고 파트너와 비교해보시오.

1. I go shopping. _____

2. How much do I owe you? _____

3. What kind of dressing would you like? _____

4. I go to bed late when I have homework. _____

5. I have a brother. He's a college student. _____

6.3.2 과거접미사 -ed가 붙을 때

영어 동사에 대한 규칙적인 과거 변화에 첨가되는 과거접미사 '-ed'는 그 동사의 어미가 폐쇄음 't' 혹은 'd'로 끝나는 경우에 [əd]로 발음이 되어 여분의 음절을 만든다. 그 외에는 [d]로 발음되어 음절을 형성하지 못한다.

⟨Present tense⟩		⟨Past tense⟩
start[sta:rt] (1음절)	⟶	started[sta:rtəd] (2음절)
add[æd] (1음절)	⟶	added[ædəd] (2음절)
work[wə:rk] (1음절)	⟶	worked[wə:rkt] (1음절)

6.3.3 3인칭 단수 -s와 복수 접미사 -es가 붙을 때

치찰음(s, z, ʃ, ʒ, ʤ, ʧ)으로 끝나는 단어에 붙는 3인칭 단수 -s와 복수 접미사 -(e)s는 여분의 음절을 만든다.

⟨복수 혹은 3인칭 단수⟩		⟨음절의 수⟩
box + es	⟶	2음절
church + es	⟶	2음절
use + s	⟶	2음절
love+s	⟶	1음절

Exercise

A. 다음 동사의 과거형을 쓰고, 음절의 수를 쓰시오.

Present tense	Past tense	Syllables
wait	_____	_____
rent	_____	_____
need	_____	_____
watch	_____	_____
close	_____	_____
plant	_____	_____
visit	_____	_____
talk	_____	_____
laugh	_____	_____
arrange	_____	_____

B. '-s' 접미사 복수형, 3인칭 단수형의 음절수를 쓰시오.

복수/ 3인칭 단수	음절의 수
1. colleges	_____
2. parades	_____
3. mixes	_____
4. trades	_____
5. ices	_____
6. pleases	_____
7. completes	_____

C. 다음 문장 (a) 혹은 (b)를 선택해서 읽고, 파트너에게 현재동사를 발음하였는지 아니면 과거동사를 발음하였는지 묻고 대답한다. 역할을 바꾸어서 반복하여 연습한다.

<보기>
Student 1: He talked over a cup of coffee.
Student 2: Past.

Student 1: I'll call the roll.
Student 2: Present

1. a. They need more books.
   b. They needed more books.

2. a. We visit Seattle.
   b. We visited Seattle.

3. a. Children watch TV.
   b. Children watched TV.

4. a. They close the doors.
   b. They closed the doors.

5. a. We listen to classical music.
   b. We listened to classical music.

6.4 모음 없이 음절 형성 성절자음 (Syllabic consonant)

모음이 없는 음절, 예를 들면 bottom[bɔtm]과 circumstance[səkmstəns] 등의 [m] (물론 Jespersen은 [əm]이 더 보편적이라고 부언하고 있다), 또 able[eibl], devil[devl]의 [l], ridden[ridn], cousin[kʌzn]의 [n]은 이들 자음이 음절의 핵을 이룰 수가 있는데 이를 성절자음 (syllabic consonant)이라고 한다. 이러한 경우는 음성적으로 모음이 없이 발음되는 것이고 음운단위로는 「모음 + 자음」으로 가정하여 모음이 탈락한 것이다.

<음운표기> <음성표기>
bottom[bɑtəm] ⟶ bottom[bɑtm]

Exercise

A. 다음 단어들에 대한 음운표기와 음성표기를 하고, 발음을 듣고 따라 해보자.

	〈음운표기〉	〈음성표기〉	〈음절 수〉
1. button	_____	_____	_____
2. able	_____	_____	_____
3. bottle	_____	_____	_____
4. rhythm	_____	_____	_____
5. devil	_____	_____	_____

B. 다음에서 성절자음 /l/을 가진 문장들을 소리 내어 읽어보시오.

1. I was able to break the cable with a thimble.
2. He put the handle back on the griddle and ladle.
3. It is doubtful the girl was watchful or helpful.
4. The eagle ate the bagel and tired to wiggle away.
5. A ripple in the apple was not a good sample.

C. 문장에 대한 음절수를 적으시오.

1. How long did you spend on that report? _____
2. The dress suited her very well. _____
3. You can eat seafood here. _____
4. May I see your passport and ticket, please? _____
5. They closed the department store in August. _____

영어의 강세

7.1 세게 읽기와 약하게 읽기

　강세는 영어로 'stress'이다. 이에 대한 내용을 설명한다면 '소리의 강약현상이나 소리 크기 정도'를 가리킨다. 영어에서는 강세의 위치에 따라 품사나 의미가 달라지는 예들이 적지 않기 때문에 몇몇 학자들은 강세를 음소로서 포함시키기도 한다. 그 이유는 강세가 의미 구분에 매우 중요한 역할을 하기 때문이다. 강세가 음소가 될 수 있는 근거는 다른 분절음소는 변함이 없고 단지 강세에 의해서만 의미가 달라져야 한다.

　　명사: pérvert　　　　cóntent　　　　ímport
　　동사: pervért　　　　contént　　　　impórt

　강세표시는 소리 크기의 절대적인 값이 아니라 상대적인 값에 의해 분류되며 학자에 따라서 다음과 같은 모습들을 보인다.

Trager & Smith	Chomsky & Halle	강세 명칭
´	1	primary stress
^	2	secondary stress
`	3	tertiary or third stress
ˇ	4	weak stress or weak syllable

강세가 중요한 역할을 보이는 곳은 단어에만 국한된 것은 아니다. 영어에서 강세는 두 개 이상의 단어로 형성된 합성어에서도 의미를 구분 짓는 역할을 수행할 수 있다.

| BlÚe House | 청와대 |
| blue hÓUse | 푸른색 집 |

| Whíte House | 백악관 |
| white hÓUse | 하얀색 집 |

| grÉEn House | 온실 |
| green hÓUse | 초록색 집 |

우리나라 대통령이 업무를 보는 곳은 '청와대'이고 미국 대통령이 업무를 보는 곳은 '백악관'이다. 분명히 우리말로는 어떤 문제점도 없지만 영어는 경우가 다르다. 왜냐하면 청와대에 해당하는 영어 블루하우스(blue house)는 '파란 집'의 뜻을 나타낼 수도 있고, 백악관에 해당하는 영어 화이트하우스(white house)는 '하얀 집'을 의미할 수도 있기 때문이다. 영어를 사용하는 사람들은 이러한 뜻을 어떻게 구분하여 사용하는 것일까?

바로 강세의 위치를 확인하여 의미를 구분한다. 위에서 알 수 있듯이 제1강세가 BlÚe와 Whíte에 오면 이때는 각각 청와대와 백악

관의 뜻이 되고, hÓUse에 제1강세가 오면 '파란색 집'과 '하얀색 집'
을 가리키게 된다. 따라서 강세의 위치를 잘못 사용하면 대통령의
업무 장소가 청와대에서 파란 집으로, 백악관에서 언덕 위의 하얀
집으로 바뀌게 된다. 'green house'는 또한 강세의 위치에 따라 '온
실'의 뜻도 되고 '초록색 집'이라는 뜻도 된다. 각각의 강세 위치가
의미의 따라 달라진다는 말이다. 청와대, 백악관과 같은 현상일 것
이다. 이 문제를 이해한다면 다음에 제시되는 조금 더 어려운 예에
도전해볼 수 있을 것이다. 강세의 위치에 따라 의미가 달라지는 것
을 발견할 수 있다.

grÉEn house door	온실에 딸린 문
green hÓUse door	초록색 집의 문

7.2 강세와 운율

　강세란 모음을 길게(longer), 그리고 강하게(louder) 발음하는 것을
말한다. 따라서 강세가 있는 음절은 다른 음절에 비해 강하고 길게
발음된다. 강세에 의하여 수반되는 가장 뚜렷한 현상이 바로 리듬
(rhythm)이다. 리듬은 강세가 운율을 만드는 초분절음 자질로서 강
약 패턴이 규칙적으로 나타나는 현상이다. 따라서 영어는 강세 언어
이며 그 자체가 운율을 소유하고 있다고 할 수 있다.

강약형(troche)	● •/ ● •/ ● •/
약강형(iambic)	• ●/ • ●/ • ●/

　이런 패턴은 영어를 모국어로 사용하는 사람들과 직접 대화를 할

때는 잘 알 수 없지만, 영어 뉴스 방송(CNN, AFKN)에서 들려오는 소리는 마치 제트엔진을 영어에 붙여 놓은 것처럼 숨찰 정도로 **빨리** 지나간다. 쫓아하기도 만만치 않다. 왜 이리 영어는 빨리 말하는 것처럼 들리는가. 영어에는 강세뿐만 아니라 실제로 여기에 속도(speed)가 붙게 된다. 강세와 속도가 만나면 바로 리듬(rhythm)이 생긴다. 영어는 이러한 리듬이 대체적으로 동일한 간격으로 반복되어 이루어지므로 그렇지 않은 언어보다 **빠르게** 느껴진다. 혹자는 영어를 '강세박자언어(stress-timed language)'라고도 한다. 한편 영어를 말할 때 몸동작이 많이 수반되는 것도 영어를 사용할 때 리듬을 타기 때문이다.

　Daniel Jones는 강세를 설명하면서 단어의 원래 강세유형이 환경에 따라 바뀔 수 있는 경우들이 있음을 잘 보여주었다. 문장에서 'fourteen'은 본래 [• ●] 강세 형태이다. 그러나 뒤에 [● •]를 보이는 'shillings'가 오자 [● •]로 전환된다.

fourtéen.

　• ● 　/ 　● •

fourteen 　/ 　shillings

　● • 　● •

fourteen shillings

　즉 앞 단어의 강세 형태가 운율을 맞추기 위하여 강세 형태를 전환한다. 'unknown'의 본래 강세 형태는 [• ●] 형이다. 그러나 강세 형태가 운율을 맞추기 위하여 두 번째 줄의 [● •] 같이 변한다.

⇒
an　　unknown　　soldier

7.3 강세의 효과

Desmond Morris는 *The Naked Ape*(책 제목은 바로:『인간』을 가리킴) 첫 장에서 Morris는 강세로 인하여 생겨나는 운율과 인간의 관계를 언급하였다. 아기는 엄마의 흔들어 주는 규칙적인 동작과 가벼운 두드리는 행동을 통하여 운율의 즐거움을 인식하게 되고, 이런 현상을 바탕으로 인간은 운율을 통하여 즐거움을 느끼게 되는 현상을 설명하였다.

다만 이렇게 받은 느낌이 언어 행위에 적용되는지에 대한 부분은 지역에 따라 상당한 차이를 보인다. 특히 한국어에서는 강세 현상을 전혀 발견할 수 없는데 이런 예는 언어가 인간 행동 양식을 완벽하게 반영하고 있지 않음을 잘 보여주는 것이라고 생각한다.

영어에서는 강세가 품사나 의미를 달라지게 할 정도로 아주 중요한 역할을 하지만, 한국 영어학습자는 한국어에 강세가 없는 관계로 영어 단어에 대한 강세의 위치를 정확하게 몰라 외국에서 영어로 의사소통을 시도할 때 많은 어려움을 겪기도 한다. 이런 문제를 극복하기 위하여 몇몇 영어의 비모국어 화자들이 강세를 표현하려는 노력을 하기도 하지만, 강세가 있다고 생각되는 음절을 단지 강하게 하거나 혹은 높게 발음하여 강세 본연의 기능을 이해하지 못하는 경향을 보이기도 한다.

더 알아보기

강세를 표시하는 방법

a. 음절 중심 - 강세가 가장 뚜렷한 부분인 음절을 중심으로 표식을 정한다.
    per'mit (동사)　　　　　'permit (명사)

b. 모음 중심 - 강세가 위치한 모음에 직접 표식을 정한다.
    permít (동사)　　　　　pérmit (명사)

7.4　철자와 강세

강세가 있는 모음은 강세가 없는 모음과 다르게 발음된다. 비록 동일한 철자로 표시되더라도 강세가 있을 때와 없을 때 다른 음성 결과를 보여 주는 경우가 상당히 많이 발견된다. 우선 다음의 단어를 발음하여 보자.

    banana　　　　[bənænə]
    savannah　　　[səvænə]
    Canada　　　　[kænədə]

이 단어에는 'a'가 모두 세 개 있지만, 이 중에서 하나의 a는 나머지 두 개의 'a'와는 다른 모음의 소리를 갖고 있다. 즉 banana의 두 번째 음절에 있는 'a'는 명확하고 완전한 음인 [æ]로 발음되지만, 나머지 첫 번째 음절과 세 번째 음절에 있는 'a'는 불명확한 모음인 [ə]로 발음된다. 이를 약화된 모음 또는 schwa라고 하며, 기호로는 [ə]로 나타낸다. 이 schwa는 강세 없는 음절에서 나타나며, 구어체 영어에서 가장 많이 사용되는 모음이다. 우리가 영어의 정확한 발음과 청취에 애를 많이 먹는 이유 중의 하나도 바로 schwa 때문이다. Cook(2000)은 다른 모든 것을 미국식으로 발음한다 하더라도 schwa [ə]를 잘못 발음하면 외국적인 말투가 남아있을 가능성이 높다고 지적하고 있다. 따라서 구어체 영어를 제대로 발음하고 청취하기 위해서는 먼저 이 schwa를 이해하여야 한다.

더 알아보기

완전한 음	(a full, clear sound)
불명확한 모음	(an unclear vowel sound)
약화된 모음	(reduced vowel)
애매모음	(schwa vowel)

다음은 애매모음이 발견될 수 있는 예들로서 애매모음이 나타나는 위치는 아래 줄을 더한 부분들이다.

Afri<u>ca</u>
<u>a</u>nnounce
answ<u>e</u>r
Can<u>a</u>d<u>a</u>
col<u>o</u>r
comput<u>e</u>r
dram<u>a</u>
<u>e</u>xcuse
extr<u>a</u>
pr<u>o</u>nounce

Episode

마사지인지 메시지인지

영어의 massage와 message는 스펠링도 비슷하고 발음도 언뜻 듣기에는 비슷하게 들린다. massage는 [məsá:ʒ]이고 우리말의 [머**싸**쥐]에 가깝다. message는 [mésidʒ]로 [**메**씨(웃)쥐]에 가깝다. 즉 영어 massage의 첫 음절은 비강세 음절로 schwa [ə]를 갖고 있어 [mə]로 발음되고, message의 첫 음절은 강세 음절로 [mé]로 발음된다. 이처럼 영어에서는 음절에 강세가 있고 없고 그리고 어느 위치에 강세가 있느냐가 의사소통에 중요한 역할을 한다.

7.5 강세 위치

영어학습자들은 영어의 복잡한 강세를 학습할 때, 강세 위치에 대한 일반적인 규칙이 있는지 알고 싶어 한다. 불행하게도 영어에는 강세 위치에 대한 확고한 규칙이 없으므로 단어마다 강세 패턴을 학습해야 한다. 그러나 영어의 강세 패턴이 전혀 일반성이 없는 것은 아니다. 일부 강세 패턴은 일반성을 갖고 있으므로 영어학습자는 강세 패턴에 대한 최소한의 일반성을 알고 있어야 한다.

7.5.1 2음절어

강세 원리	〈2음절 영어단어의 강세 위치〉 명사 → 첫 음절에 동사 → 둘째 음절에

2음절 영어단어의 경우 명사이면 첫 음절에 강세가 오고, 동사이면 둘째 음절에 강세가 온다. Avery와 Ehrlich(1994)에 따르면 2음

절로 이루어진 명사 중 90%가 첫 음절에 강세가 오고, 2음절로 된 영어 동사의 경우 60%가 둘째 음절에 강세가 온다고 한다.

명사	동사
cónflict	conflíct
próduce	prodúce
cónduct	condúct
cóntent	contént
pérvert	pervért
récord	recórd
présent	presént
pérfect	perféct
cóntrast	contrást
cóntract	contráct
désert	desért
dígest	digést
pérmit	permít
óbject	objéct
íncrease	incréase
éxploit	explóit

2음절 영어단어를 10개 이상 찾아서 명사일 때의 강세 위치와 동사일 때의 강세 위치를 표시하고 공란에 해당 단어를 쓰시오.

2음절 단어	명사	동사

7.5.2 3음절어

●●●●

강세 원리	〈3음절 영어단어의 강세 위치〉 첫 음절 혹은 둘째 음절에 주 강세가 온다.

3음절로 된 영어 단어의 강세는 주 강세가 일반적으로 첫 음절이나 둘째 음절에 온다.

첫 음절에 주 강세	둘째 음절에 주 강세
áccident	commércial
ínstrument	vanílla
cálendar	astónish
stráwberry	exámine
dócument	devélop
séntiment	oppónent
cúrious	tomórrow
yésterday	políceman

3음절 영어단어를 10개 이상 찾아서 첫 음절에 강세가 오는 경우와 둘째 음절에 강세가 오는 경우를 해당 공란에 쓰시오.

첫 음절에 강세가 오는 경우	둘째 음절에 강세가 오는 경우

7.5.3 복합어와 구 강세

●●●●

강세 원리	〈복합어: 복합 명사, 복합 형용사, 복합 동사〉 첫 번째 단어 → 주 강세 두 번째 단어 → 부 강세 Whíte House(백악관) 〈구 강세〉 첫 번째 단어 → 부 강세 두 번째 단어 → 주 강세 white hóuse(하얀 집)

영어에서 복합어(compound) 강세 위치는 매우 규칙적이다. 복합어 강세는 첫 번째 단어에 주 강세가 오고 두 번째 단어에 부 강세가 온다. 예를 들어 영어 단어 'White House(백악관)'라는 복합어는 첫 번째 단어인 'white'에 주 강세가 오고 두 번째 단어인 'house'에 부 강세가 온다. 그러나 '하얀 집'을 의미하는 명사구 'white house'는 형용사 'white'에 부 강세가 오고 두 번째 요소인 명사 'house'에 주 강세가 온다.

복합어와 구의 차이는 구는 앞에 나오는 형용사가 뒤에 나오는 명사를 수식하고 기술해주는 역할을 한다. 그러나 복합어에서는 두 개의 단어가 결합하여 마치 한 단어처럼 새로운 의미를 갖는다. 위에서 살펴 본 명사구 'white house'에서는 형용사 'white'가 뒤에 나오는 명사 'house'를 기술해준다. 즉, 'The house is white.(그 집은 하얗다)'라는 의미이다. 그러나 복합어인 'White House'는 서술적 의미 없이 '백악관'이라는 새로운 의미를 만든다. 다음 명사구와 명사 복합어의 강세 패턴을 살펴보자.

〈명사구〉 부 강세 + 주 강세	〈복합명사〉 주 강세 + 부 강세
black **board**	**black**board
cold **cream**	**cold** cream
light **bulb**	**light** bulb
white **house**	**White** House
free **way**	**free**way
toy **store**	**toy** store
gold **fish**	**gold**fish
English **teacher**	**English** teacher
green **house**	**green**house
apple **pie**	**apple** tree
smoking **room**	**smoking** room

Exercise

A. 다음을 소리 내어 읽어보시오.

a. The President lives in the **White** House.

b. Yes, but I can have a white **house** too.

a. Let's build a **dark**room in our new house.

b. We need a light in this dark **room**.

a. That is a **black**bird.

b. No, it is just a back **bird**.

a. I go fast while on the **free**way!

b. I hope this is the free **way**, I have no money.

a. We bought a new bowl for our **gold**fish.

b. My favorite in the tank is the gold **fish**, not the blue lizard.

B. 다음은 복합어와 구 그리고 대조가 섞여 있는 GOLDILOCKS의
일부분이다. 강세 위치에 유의하면서 듣고 큰 소리로 따라 하시오.

There is a little **girl**. Her name is Goldilocks. She is in a sunny **forest**. She sees a small **house**. She **knocks** on the door, but **no** one answers. She goes **inside**. In the large **room**, there are three chairs. Goldilocks sits on the biggest chair, but it is too high. She sits on the middle-sized one, but it is too low. She sits on the small chair and it is just right. On the table, there are three bowls. There is hot porridge in the bowls. She tries the first one, but it is too hot; the second one is too cold, and the third one is just right, so she eats it all. After that, she goes upstairs. She looks around. There are three beds, so she sits down. The biggest bed is too hard. The middle-sized bed is too soft. The little one is just right, so she lies down. Soon, she falls asleep.

(Cook 2000: 34에서 재인용)

7.5.4 접미사

●●●●

강세 원리	1. -ee, eer, -ese, -ique, -oon, -aire 등으로 끝나는 단어 → 접미사 자체가 주 강세를 받는다. 2. -ity, -ic, -ical, -tion 등으로 끝나는 단어 → 주 강세가 이들 접미사 앞에 있는 음절에 온다.

일반적으로 영어에서 접두사가 첨가되는 경우 어근이나 어간의 첫 음절에 강세가 오고 접두사에는 강세가 오지 않는다. 예를 들어 stand에 접두사 under가 첨가되면 강세는 어근인 stand에 오고 under에는 강세가 오지 않는다. 즉 understand가 된다. 그러나 접미사의 경우에는 접미사에 따라 강세 위치가 다르다. 어떤 영어단어가 접미사 -ee, eer, -ese, -ique, -oon, -aire 등으로 끝나면 주 강세는 접미사 자체에 온다. 그리고 -ity, -ic, -ical, -tion 등의 접미사로 끝나면 주 강세가 이들 접미사 앞에 있는 음절에 온다.

(1) -ee, -eer, -ese, -ique, -oon, aire 등의 접미사 자체가 주 강세를 받는다.

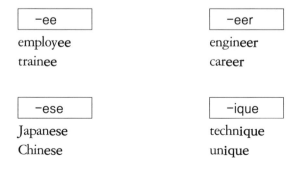

-ee	-eer
employee	engineer
trainee	career

-ese	-ique
Japanese	technique
Chinese	unique

-oon		-aire
sal**oon**		milli**onaire**
ball**oon**		questi**onnaire**

(2) -ity, -ic, -ical, -tion 등의 접미사 앞에 있는 음절에 주 강세가 온다.

-ity		-ic
possi**bi**lity		demo**cra**tic
ac**ti**vity		eco**no**mic
a**bi**lity		mag**ne**tic

-ical		-tion
his**to**rical		expla**na**tion
po**li**tical		administ**ra**tion
technical		invi**ta**tion

이 외에도 재귀대명사와 복합동사의 강세 원리는 다음과 같다.

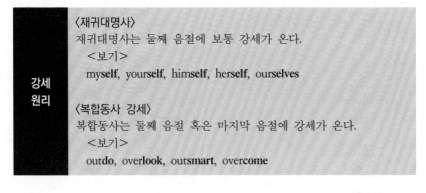

강세 원리	〈재귀대명사〉 재귀대명사는 둘째 음절에 보통 강세가 온다. 　　〈보기〉 　　my**self**, your**self**, him**self**, her**self**, our**selves** 〈복합동사 강세〉 복합동사는 둘째 음절 혹은 마지막 음절에 강세가 온다. 　　〈보기〉 　　out**do**, over**look**, out**smart**, over**come**

Exercise

A. 다음 접미사가 첨가된 단어에 주 강세를 표시하시오.

1. perspiration
2. chemical
3. cosmetic
4. maturity
5. refugee
6. Portuguese
7. volunteer
8. university
9. alcoholic
10. antique

문장의 발음원리 1: 억양

의사소통이 가능한 영어를 사용하기 위해선 문장의 발음원리를 알아야 한다. 영어의 자음과 모음의 정확한 발성법이나 음을 식별한 다고 해서 의사소통이 제대로 되는 것은 아니다. 결국 말은 그런 자모와 단어가 만들어낸 "문장"이며 말하는 문장의 발음원리는 우리 말과 영어가 판이하게 다르기 때문에 이를 잘 알아두어야 한다.

한국어는 영어와는 달리 음절 박자 언어(syllable-timed language)라고 하여 모든 음절이 비슷한 길이로 발음된다.

다음의 예를 보자.

(1) Dogs eat bones.
(2) The dogs eat bones.
(3) The dogs eat the bones.
(4) The dogs will eat the bones.
(5) The dogs will have eaten the bones.

영어 원어민이 위의 문장을 읽는데 걸리는 시간은 문장이 가장 짧은 (1)번이나 가장 긴 (5)번 모두 거의 동일하다. 그러나 한국 영어학습자에게는 (1)번이 가장 짧게 걸리고 (5)번이 가장 오래 걸린다. 이 것은 한국 영어학습자들은 단어 하나하나를 읽기 때문에 문장이 길 수록 발화시간이 오래 걸리지만 영어 원어민들은 강세가 없는 the, will have 등을 축약하거나 약화시켜 짧게 발음하기 때문에 발화시 간이 짧게 걸려 실제적으로는 (1)번에서 (5)번까지의 발화시간이 거 의 비슷하게 걸린다. 그러나 한국 영어학습자는 문장에서 비강세 모 음들을 약화하거나 축약하여 발음하지 않는 경향이 있어서 위 문장 을 읽을 때 다소 차이가 보일 수 있다.

8.1 내용어와 기능어

영어에는 일반적으로 독자적인 의미를 갖고 있으면서 강하게 발 음되어 문장의 의미를 전달하는 데 중요한 역할을 하는 내용어 (content word)와 독자적인 의미 없이 문장에서 문법적인 관계만을 나타내주는 기능어(function word)가 있다.

내용어(Content words) (강세를 받음)	기능어(Function words) (강세를 받지 않음)
명사(dog, table, ...) 동사(run, go, ...) 형용사(happy, pretty, ...) 부사(slowly, quickly, ...) 의문사(who, what, where, when, why, how) 지시사(this, that, ...) not 또는 부정 축약형(-n't)	대명사(he, she, ...) 전치사(of, to, ...) 관사(a, the, ...) be동사(is, was, ...) 접속사(and, but, ...) 조동사(can, have, ...)

내용어는 문장의 의미를 전달하는데 중요한 역할을 하며 여기에

는 명사, 동사, 형용사, 부사 및 의문사 등이 있으며 강세를 받는다. 그러나 기능어는 문장의 의미전달에 중요한 역할을 하지 않으며 여기에는 대명사, 전치사, 관사, be동사, 접속사 및 조동사 등이 있다. 내용어에 비해 이들은 강세를 받지 않고 약하고 빠르게 발음된다. 기능어는 정확히 알아듣지 못하여도 전체 내용을 파악하는 데 큰 지장을 주지는 않는다.

Exercise

A. 파트너와 함께 다음의 기능어에 해당하는 단어를 채우시오.

대명사	전치사	관사	be동사	접속사	조동사
he	at	a	is	and	can
_____	_____	_____	_____	_____	_____
_____	_____	_____	_____	_____	_____
_____	_____		_____	_____	_____
_____	_____		_____	_____	_____
_____	_____				
_____	_____				
_____	_____				

B. 내용어와 기능어에 밑줄을 긋고, 내용어에는 C를, 기능어에는 F 를 표시하시오.

1. You can't eat and drink in this library.

2. You did excellent work.

3. Is there a speed limit for cars in your country?

4. He rented an apartment.

5. Why did you write the letter?

6. Do you think it is harder to speak or to hear a new language?

7. How much are these jeans?

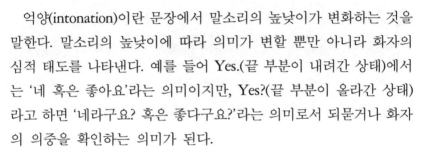

억양(intonation)이란 문장에서 말소리의 높낮이가 변화하는 것을 말한다. 말소리의 높낮이에 따라 의미가 변할 뿐만 아니라 화자의 심적 태도를 나타낸다. 예를 들어 Yes.(끝 부분이 내려간 상태)에서는 '네 혹은 좋아요'라는 의미이지만, Yes?(끝 부분이 올라간 상태)라고 하면 '네라구요? 혹은 좋다구요?'라는 의미로서 되묻거나 화자의 의중을 확인하는 의미가 된다.

Cook(2000: 4)은 영어의 억양을 만드는 세 가지 방법을 다음과 같이 소개하고 있다.

(1) 소리를 크게(louder) 한다.
(2) 관심을 끌고자 하는 단어를 길게(longer) 발음한다.
(3) 소리의 높이(pitch)에 변화를 준다.

억양 혹은 말소리의 높낮이 변화는 주로 새로운 정보를 소개하는 경우에 사용된다. 예를 들어 Dogs eat bones를 처음 말하는 서술문에서 새로운 정보인 Dogs와 bones는 큰 소리로 길게 발음한다. 그리고 eat보다 더 높은 소리를 낸다. 즉 다음과 같은 강세 패턴과 소리의 높낮이 변화를 갖는다.

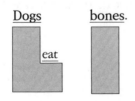

Cook은 다음과 같은 4가지 유형의 억양 패턴을 통해 숫자, 약어, 단어, 구, 문장을 연습하도록 제안을 하고 있는데 이는 억양 패턴을 익히는데 상당히 유용하다고 생각한다.

A 유형	B 유형	C 유형	D 유형
duh duh **duh**	duh duh **duh**	duh **duh** duh	**duh** duh duh

위의 고딕체로 된 부분은 큰소리로 길게 그리고 더 높은 위치에서 소리가 난다. 한국 영어학습자는 숫자, 단어, 구, 문장 등을 발음할 때 영어의 억양 패턴을 잘 지키지 못하는 경향이 있어서 위 연습이 꼭 필요하다.

8.3 duh duh duh 억양 원리

duh duh **duh** 억양 원리	명사(주어) + 동사 + 명사(목적어)

문장에서 강세를 받는 단어는 주로 내용어들이다. 즉, 명사, 동사, 형용사, 부사 및 의문사 등이 강세를 받는다. 명사와 동사로 이루어진 서술문에서 명사를 더 크게 길게 높게 발음한다. 즉, **duh** duh **duh** 억양 원리를 따른다.

다음을 듣고 따라 해보자.

1. Tom   Mary.

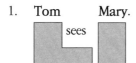

2. Mary Tom.

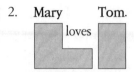

3. Dogs bones.

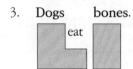

4. kids candy.

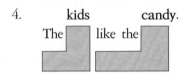

5. boy girl.

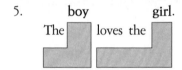

8.4 duh duh duh 억양 원리

duh **duh** duh 억양 원리	대명사(주어) + 동사 + 대명사(목적어)

  명사가 대명사로 대치된 경우 명사는 new information이지만 대명사는 old information이다. 이때는 동사가 강세를 받고 더 높게 더 길게 발음된다. 즉 duh **duh** duh 억양 원리를 따른다.

  다음을 듣고 따라해 보자.

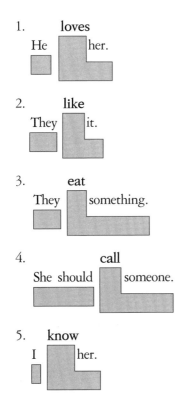

8.5 duh duh duh 억양 원리

| duh duh **duh** 억양 원리 | 약어, 스펠링, 지역번호, 우편번호, 날짜, 전화번호 등을 읽을 때 |

우리가 일상생활에서 자주 사용하는 약어, 스펠링, 지역번호, 우편번호, 날짜, 전화번호 등을 읽을 때 끝 부분에 강세를 주고 더 높

게 더 길게 발음한다. 즉 duh duh **duh** 억양 원리를 따른다.

다음을 듣고 따라 해보자.

1. 약어
(1) MBA:

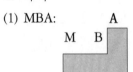

(2) MIT:

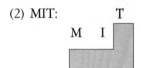

(3) SOS:

2. 철자
(1) bus:

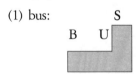

(2) Kil-Dong:

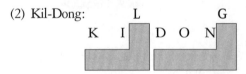

(3) Lee:

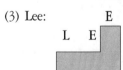

3. 숫자

(1) 지역번호: 425 →

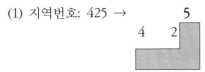

(2) 우편번호: 98005 →

(3) 전화번호: 453-5489 →

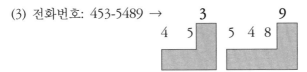

8.6 duh duh duh 억양 원리

duh duh duh 억양 원리	복합어 혹은 문장의 앞부분을 강조할 때 그리고 내용어가 앞에 오고 나머지 기능어가 올 때

복합어나 혹은 문장의 앞부분을 강조하고자 할 때 **duh** duh duh 억양 원리를 사용한다.

다음을 듣고 따라 해보자.

1. hot

dog stand

2. I

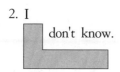

don't know.

3. **Give**

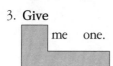

me   one.

8.7 상승하강(∧) 억양 원리

∧ 억양 원리	서술문, 명령문, Wh-의문문, 감탄문은 강세를 받는 음절에서 소리가 올라갔다가 문장이 끝날 때 내려간다.

일반적으로 서술문, 명령문, Wh-의문문, 감탄문은 상승하강 억양 원리를 따른다. 즉 강세를 받는 음절에서 소리가 올라갔다가 문장이 끝날 때 내려간다.

다음을 듣고 따라 해보자.

1. This is very **good**. (↘)
2. Give her a **chance**. (↘)
3. Where are you **going**? (↘)
4. What time is **it**? (↘)
5. What a pretty girl she **is**! (↘)

8.8 상승(↗) 억양 원리

| ↗ 억양 원리 | Yes나 No로 대답해야 하는 의문문에서 문장이 끝날 때 끝 부분을 올린다. 그러나 서술문도 끝 부분을 올리면 의문문이 된다. |

일반적으로 Yes나 No로 대답해야 하는 의문문에서 상승 억양 원리를 따른다. 그러나 서술문도 끝 부분을 올려서 말하면 의문문이 된다.

다음을 듣고 따라 해보자.

1. Do you live in **Seattle**? (↗)
2. You live in **Seattle**? (↗)
3. Have you ever been to **China**? (↗)
4. Can I help **you**? (↗)
5. Will you come to the **picnic**? (↗)

8.9 부가의문문의 억양 원리

| 부가의문문 억양 원리 | 1. 상대방의 대답을 거의 확신하는 경우: 상승하강 억양 2. 화자가 잘 몰라서 상대방에게 확인을 하는 경우: 상승 억양 |

부가의문문(tag question)에는 두 가지 억양이 있다. 하나는 상대

방의 대답을 거의 확신하는 경우인데 이때는 상승하강 억양으로 말한다. 다른 하나는 화자가 잘 몰라서 의심이 가거나 놀라움을 나타내는 경우인데 이때는 yes/no 의문문처럼 상승 억양으로 말한다.

다음을 처음에는 상승하강으로, 다음에는 상승 억양으로 해보자.

1. They saw him, didn't they?
2. He left the company, didn't he?
3. You can write the memo, can't you?
4. The school has closed, hasn't it?
5. Jane is pretty, isn't she?

8.10 선택의문문의 억양 원리

선택의문문 억양 원리	두 가지 중에서 하나를 선택하도록 붙는 선택의문문에서 앞에 것은 상승 억양으로, 뒤의 것은 상승하강 억양으로 말한다.

일상생활에서 둘 중의 하나를 선택하거나 선택을 하도록 요청 받는 경우가 있다. 이때 상대방에게 둘 중의 하나를 선택하도록 요청하는 경우에 앞에 것은 상승 억양으로, 뒤의 것은 상승하강 억양으로 말한다.

다음을 듣고 따라 해보자.

1. Would you like **coffee**(↗) or **tea**(↘)?
2. Which one is better, **red**(↗) or **yellow**(↘)?

8.11 말이 아직 안 끝났을 때의 억양 원리

| 말이 아직 안 끝났을 때 억양 원리 | 말이 아직 안 끝났을 때는 완전 상승하강 억양이 아니라 끝을 약간 올린다. 그러나 문장이 끝나는 끝 부분은 완전 상승하강 억양으로 한다. |

우리가 말을 하는 도중에 포즈(pause)를 갖는 경우 상승하강 억양으로 하되 말이 채 끝나지 않음을 청자에게 알리기 위해서 끝을 살짝 올려서 말한다. 그러나 문장이 완전히 끝나는 부분에서는 완전 상승하강 억양으로 한다.

다음을 듣고 따라 해보자.

1. I think(↗) (that) he is smart(↘).
2. When he comes(↗), we can start(↘).

8.12 나열할 때의 억양 원리

| 나열할 때 억양 원리 | 어떤 사람이나 사물을 나열할 때 열거하는 대상마다 억양을 약간 올려서 청자에게 아직 말이 끝나지 않음을 알린다. 마지막 대상은 완전 상승하강조로 말한다. |

어떤 사람이나 사물을 나열할 때 열거하는 대상마다 억양을 약간 올려서 청자에게 아직 말이 끝나지 않음을 알린다. 마지막 대상은

완전 상승하강조로 말한다.

다음을 듣고 따라 해보자.

1. I've been to China(↗), Canada(↗), Japan(↗) and Mexico(↘).
2. You can do it today(↗), tomorrow(↗), or the day(↘) after tomorrow.

8.13 '네'라고 다 같은 '네'인가

강의 시간에 출석을 부를 때 대답의 '네'는 말끝을 낮추어서 '네'라고 하고, 말끝을 높인 '네'는 놀람과 의문 또는 불평과 불만이 섞인 대답으로 들린다. 그렇다면 음소 구조에서 전혀 차이가 없는 '네'가 동일한 것이 아니라는 것인데 가만히 그 소리들을 들어보면 '네'의 뜻이 달라지는 것은 주어진 단어의 높낮이와 아주 밀접하게 연관되어 있음을 알 수 있다. 언어학에서는 이와 같은 현상을 가리켜 억양이라고 한다. 소리의 특성 중 고저(pitch)가 억양을 설명하는데 주요 요소가 된다. 다음은 여러 언어에서 발견되는 억양의 종류를 영어를 중심으로 보인 것인데 '네'의 경우를 각 형태에 적용시켜 보면 그 차이를 어느 정도 이해할 수 있다.

a. (Fall)
   He joined the Army. ↘
   서술, 긍정, 선언의 내용
b. (Rise)
   He joined the Army. ↗
   긍정 및 부정 의문(yes-no), 의심의 내용

c. (Level) → 지속 (continuation, incompleteness)
숫자세기
    one, two, three, four, five ↘ (끝냄)
d. (Fall - Rise) → 의심하는 내용 (statement countered by a doubt)
e. (Rise - Fall) → 확신하는 내용 (any doubt countered by affirmative)

억양은 감정의 기복도 표현도 가능하게 해준다. 다음 예에서 그 기능을 잘 알 수 있다. 동일한 문장의 두 번째 형식의 표현 방식은 화자의 본래의 의도가 불행한 상태를 암시하려는 것이다. '네'의 대답이 경우에 따라 긍정이라는 단순한 기능 이외에 대답할 당시 화자의 불만과 불평 등과 같은 감정을 대변하는 현상은 이 예에서 가늠해 볼 수 있다.

Are Bob and Sue married ?
A1. Yes, happily ↘   (they are happily married.)
                        행복하게 결혼했음을 나타낸다.
A2. Yes, happily ↗   (Happily they are married.)
                        정말 행복하게 결혼했냐는 의문이다.

문장의 발음원리 2:
약화, 생략, 축약

9.1 가능조동사 can, can't 발음하기

can → kən
can't → kæn
긍정의 can의 경우 모음이 schwa [ə]로 약화되고 부정의 can't의 경우에는 't'를
발음하지 않거나 약하게 발음한다.

I can do it.   I can't do it.

긍정의 can[kən]을 사용할 경우에는 모음이 schwa [ə]로 약화되
고 그 다음에 나오는 동사에 강세가 온다. 그러나 부정의 can't[kæn]
의 경우에는 can't와 다음에 나오는 동사 모두에 강세가 온다.

John can write very well.
John can't write very well.

Exercise

A. 다음을 소리 내어 읽어보시오.

1. Can I help you?
2. I can be in your wedding next month.
3. I hope you can sell it.
4. Eric can't speak Korean.
5. Max can't write very well.

B. 다음을 발음하고 의미 차이를 생각해보시오.

1. a. I can only do it on Saturday.
   b. I can't only do it on Saturday.
2. a. We can afford the trip.
   b. We can't afford the trip.
3. a. I can see them but I can't hear them.
   b. I can't see them but I can hear them.
4. a. You can always eat lunch before class.
   b. You can't always eat lunch before class.

C. 파트너와 can과 can't에 대한 대답을 각각 세 가지씩 쓰시오.

<can>

1. _____
2. _____
3. _____

<can't>

1. _____

2. _____

3. _____

9.2 접속사 and 발음하기

and → ən, n

기능어 and는 강세가 없는 경우에 schwa 'ə' + n 혹은 심지어 n으로 종종 발음된다.

bread **and** butter → breadan butter
cream **and** sugar → creaman sugar

기능어 중에서 자주 사용되는 and는 흔히 schwa 'ə' + n 혹은 심지어 'n'으로 발음된다. 이 때 schwa에 해당하는 모음이 앞에 오는 단어의 마지막 자음에 연결되어 발음된다.

Exercise

A. 다음을 소리 내어 읽어보시오.
1. bread and butter
2. cream and sugar
3. rock and roll
4. radio and television
5. tables and chairs
6. nickels and dimes
7. hamburger and fires
8. knives and forks
9. boys and girls
10. rich and famous
11. big and little
12. sandwich and coffee

B. 기능어 'and'의 약화된 발음을 연습해보자.
1. It is good and cold outdoors.
2. Come and see me next Saturday.
3. Write and tell me about it.
4. Our specialities are lamb, steak, and lobster.
5. Cream and sugar with your coffee?
6. No, I like it black. Black and hot.

C. 'Fill My Cup, Lord'라는 노래가사의 후렴부분이다. 'and' 약화를
살펴보자.

CHORUS

Fill my cup, Lord, I lift it up, Lord!
Come and quench this thirsting of my soul;
Bread of Heaven, Feed me till I want to no more,
Fill my cup, fill it up and make me whole!

9.3 h, ð, w로 시작하는 기능어 발음하기

h로 시작하는 기능어 → ø

he → ɪ,	him → əm,	his → iz
her → ər	hers → ərz,	them → əm
have → əv, ə, v	has → əz, z	had → əd, d

※ 문장 처음에 오는 경우에는 생략되지 않는다.
　　　He is a business man.
　　　His car is expensive.

　Is he? → izzy
　give her → giver
　must have → musta

　기능어 중에서 /h/나 /ð/로 시작되는 인칭 대명사 he, him, his, her, hers, them이나 조동사 have, has, had, will, would 그리고 접속사 than 등이 문장 중간에 오면서 강세가 없을 때는 어두 자음 /h/나 /w/가 탈락되어 흔히 발음된다. 단, 이들이 문장 처음에 오는 경우와 be 동사의 과거형인 was, were 그리고 전치사 with의 /w/는 생략되지 않는다.

기능어	강세 음절	비강세 음절	기능어	강세 음절	비강세 음절
he	[hiy]	[ɪ]	have	[hæv]	[əv]
his	[hiz]	[ɪz]	them	[ðæm]	[əm]
him	[him]	[ɪm], [əm]	than	[ðæn]	[ən]
her	[hər]	[ər]	will	[wil]	[əl]
hers	[hərz]	[ərz]	would	[wud]	[əd]

Exercise

A. 다음을 소리 내어 읽어보시오.

1. Is he busy?
2. Can he read?
3. They give her more money.
4. How did you send it to him?
5. You should have told them.

B. 파트너와 서로 읽어주고 발음대로 선택해봅시다.

1. a. Did he go?   _____
   b. Did she go?   _____
2. a. Is this his car?   _____
   b. Is this Sue's car?   _____
3. a. Give him a book.   _____
   b. Give her a book.   _____

9.4 조동사군 발음하기

should + have + pp → shoulda
could + have + pp → coulda
would + have + pp → woulda
must + have + pp → musta
may + have + pp → maya
might + have + pp → mighta

위의 조동사 다음에 have가 오는 경우에 have가 schwa [ə]로 약화되어 발음된다.

I **should have** done it. → I **shoulda** done it.
You **must have** been crazy. → You **musta** been crazy.

조동사 should, could, would, must, may, might 다음에 완료형 「have + pp」가 오는 경우에 have는 schwa [ə]로 약화되어 흔히 발음된다. 따라서 이들이 약화된 발음에서는 [ʃədə], [kədə], [wədə], [məstə], [meiə], [maidə]로 각각 발음된다. have 이외에도 조동사가 강세를 받지 않는 경우에는 모음이 schwa [ə]로 약화된다.

조동사	강세 음절 혹은 사전식 발음	비강세 음절
have	[hæv]	[(h)əv]
has	[hæz]	[(h)əz]
had	[hæd]	[(h)əd]
can	[kæn]	[kən]
do	[du]	[də]
does	[dʌz]	[dəz]
will	[wil]	[wəl]

Exercise

A. 다음을 소리 내어 읽어보시오.

1. It might have been back a mile or so.
2. You should have been punctual.
3. He could have gotten directions ahead of time.
4. What a sight it must have been!
5. I would have liked to see her.

B. 다음의 대화체를 듣고 파트너와 연습을 해보자.

Helen: Oh, my gosh! I can't believe this. What should I do?

Scott: What's going on?

Helen: I just got a call from my mom and she said my grandma
passed away.

Scott: Oh, I'm so sorry.

Helen: I never expected she would be gone this soon. I should have
spent more time with her.

9.5 대명사 you 발음하기

you → ya[jə]

you에 강세가 없는 경우 빠른 영어발음에서 you[ju:]가 ya[jə]로 약화되어 발음된다.

See you later. → See ya later.
I saw you the other day. → I saw ya the other day.

---

you가 느린 영어발음이나 강세가 있는 경우에 사전 방식으로 발음되지만, 정상적인 대화체(빠른 영어)에서는 you[ju:]가 ya[jə]로 축약되어 흔히 발음된다. 따라서 you'd는 [jəd]로, your와 you're는 [[jər]로, yours는 [jərs]로 그리고 you'll은 [jəl]로 발음된다.

TIPS; 영어에서 가장 많이 사용되는 단어들

영어에서 가장 많이 사용되는 단어들에 대해서 분석한 유명한 자료를 소개하면 다음과 같다.

W. N. Francis and H. Kucera, *Frequency Analysis of English Usage* (Houghton Mifflin, 1982), based on the Brown corpus

K. Hofland and S. Johansson, *Word Frequency in British and American English* (Norwegian Computing Centre for the Humanies, Bergen, 1982), based on the LOB (Leicester/Oslo/Bergen) corpus

J. B. Carroll, P. Davies, and B. Richman, *The American Heritage Word Frequency Book* (Houghton Mifflin/American Heritage, 1971), based on the Americah Heritage corpus.

위의 자료들이 영어에서 가장 많이 사용되는 단어들에 대해서 의견을 같이 하는 것은 아니지만, 대략 빈도수가 높은 30개의 단어들은 다음과 같다.

the	of	and	a	to	in	is	that	it	was	he
for	as	on	with	his	be	at	you	I	are	this
by	form	had	have	they	not	or	one			

예를 들어 위의 단어 중에서 you는 American Heritage 목록에서는 빈도수가 8번째로 높게 설정되어있지만, Bergen 목록에서는 32번째에 해당한다. 또한 빈도수 목록에서 he가 she보다 빈도수가 높게 나타나고 있는데 이에 대한 설명을 여기에서는 하지 않기로 하겠다.

Exercise

A. 다음을 소리 내어 읽어보시오.

1. Do you go to bed late?

2. Do you have any brothers and sisters?

3. Will you be back soon?

4. I'll give you some more money.

5. See you later!

6. You'll see it soon.

7. You'd have to be crazy.

8. What's your last name again?

9. You're my best friend.

10. This one is yours.

B. 괄호 부분을 발음해보시오.

1. I'll (see you) in just a few minutes.

2. (Do you) have anything in a bigger size?

3. (Can you) reduce the price?

4. I didn't expect to (meet you) here.

5. What's (your major)?

9.6   자음의 구개음 변화 발음하기

/t, d, s, z/ + /y, i/ → /ʧ, ʤ, ʃ, ʒ/

치경음 /t, d, s, z/ 다음에 발음이 /y/나 혹은 /i/로 시작하는 단어가 오면 /ʧ, ʤ, ʃ, ʒ/ 음으로 발음된다.

Can't you do it?   Did you do that?
I miss you.   She loves you.

    영어에서 치경음에 해당하는 /t, d, s, z/ 다음에 구개음 /y/나 혹은 /i/로 시작하는 단어가 오면 치경음이 구개음의 영향을 받아 본래 치경음이 발음되는 위치보다 약간 뒤쪽의 경구개 위치에서 발음되어 치경음 /t, d, s, z/가 경구개 치경음 /ʧ, ʤ, ʃ, ʒ / 음으로 발음된다. 이러한 음운현상을 구개음화(palatalization)라고 한다.

Exercise

A. 다음을 소리 내어 읽어보시오.

1. Who's your friend?
2. Can't you do it?
3. Did you see it?
4. I miss you.
5. They please you.
6. We thought you weren't coming.
7. I'll bet you ten bucks he forget.
8. Could you tell?
9. What did your family think?
10. Did you find your keys?
11. We followed your instructions.

B. 빈칸 부분을 발음해보시오.

1. Can I (get you) a drink?
2. How (did you) like it?
3. I'll (let you) know.
4. They (miss you) very much.
5. We try to (please you).

9.7　의문사 축약 발음하기

what do you, what are you → whaddaya

빠른 영어발음에서 what do you, what are you는 마치 하나의 단어처럼 발음되어 whaddaya [warəjə]가 된다. 우리말로 표기하면 [와러여]에 가깝게 들린다.

What do you do this weekend?
What are you doing there?

구어체 영어에서 많이 사용되는 표현 중의 하나가 What do you~? 혹은 What are you~?로 시작하는 구문이다. 이들은 빠른 구어체 영어에서 마치 한 단어처럼 종종 발음되는 모습을 보여준다. 특히 이런 발음은 미국식 영어발음이 버터를 바른 듯 굴러가듯이 느껴지는 소리 중의 하나다.

〈발음 clinic〉: don't know에서는 't'를 발음하지 않는다

우리가 흔히 사용하는 구어체 영어 표현중의 하나가 "I don't know"이다. don't know에 대한 발음은 't'가 빠진 donno로 흔히 발음된다. 이를 [dountnou] [돈트노우]로 발음하지 않도록 하자.

I don't know what to do.
That's the problem. I don't know.

Exercise

A. 다음을 소리 내어 읽어보시오.

  1. <u>What do you</u> do after you get up?

  2. <u>What do you</u> usually do when you get home?

  3. <u>What are you</u> doing here?

  4. <u>What do you</u> want?

  5. <u>What are you</u> thinking?

B. 다음의 대화체에서 빈칸에 다음 표현들을 넣고 소리 내어 읽으시오

  ⟨What are you, What do you⟩

Brian: (   ) doing here?

Ken: I am drinking water.

Brian: Ken, (   ) doing this Saturday?

Ken: Nothing special. (   ) have in mind?

Brian: Basketball. (   ) think?

Ken: It sounds like fun!

9.8 전치사 of 발음하기

of → ə, əv

기능어 중의 하나인 of는 최대한 약하게 발음되며, əv에서 v도 탈락되어 마치 부정관사 a처럼 발음된다.

a lot of → a lota
a kind of → a kinna

전치사 중에서 of가 이후 표현들과 함께 소리가 날 때 해당 전치사를 형성하는 두 개의 음소들이 마치 다른 어휘처럼 변화되어 나타난다. 영어 듣기 문제에서 of 전치사 등이 포함된 표현들이 수시로 출현하는 이유도 바로 변화가 많이 발생하는 데서 원인을 이해할 수 있다.

Exercise

A. 다음을 소리 내어 읽어보시오.

1. a cup of coffee
2. all of them
3. the rest of them
4. kind of pale
5. a lot of people

B. 다음은 Martin Luther King, Jr.의 연설문 'I Have a Dream'이다. 기능어 'of'의 약화된 발음에 주의하여 들어보자.

I Have a Dream

Martin Luther King, Jr.

I have a dream
That one day this nation will rise up
And live out the true meaning of its creed;
"We hold these truths to be self-evident,
That all men are created equal."

I have a dream
That one day on the red hills of Georgia
The sons of former slaves
And the sons of former slave-owners
Will be able to sit down together
At the table of brotherhood.

I have a dream

That my four little children
Will one day live in a nation
Where they will not be judged
By the color of their skin
But by the content of their character.

C. 다음의 뉴스 내용 빈칸에 알맞은 것을 아래의 표현들 중에서 찾아 채우고, 소리 내어 읽으시오.

News 청취 따라잡기

A ( ) expert climbers, just back from the Himalayas, says global warming is becoming ( ) the biggest threats to mountain areas.

The team hopes to raise public ( ) the growing threats from climate change.

The seven mountaineers gathered first-hand accounts from Buddhist monks as well as local people and other travelers.

And ( ) the expedition leaders, he says conditions on the mountain are much warmer and wetter than they were 50 years ago

Mr. Payne said climbers are not the only ones who have noticed the change in the Himalayas.

He says local people told him floods from melting glaciers are becoming more frequent.

awareness of	one of	team of

9.9　전치사 to 발음하기

to → ta

to에 강세가 없고 뒤에 다른 단어가 나오면 to는 ta[tə]로 약화되어 발음된다.

    have to → hafta
    used to → usedta

　기능어 중의 하나인 전치사 to는 강세가 없고 뒤에 다른 단어가 따라나오는 경우에는 ta[tə]로 약화되어 발음된다(부정사의 to를 전치사로 보지 않는 주장도 있다).

Exercise

A. 다음을 소리 내어 읽어보시오.

1. have to
2. has to
3. going to
4. want to
5. used to
6. ought to
7. got to
8. go to

B. 괄호 부분을 발음해보시오.

1. I (have to) finish this homework.
2. You've (got to) go (to) the doctor.
3. What are you (going to) do?
4. I (want to) go there now.
5. You need to (go to) bed.

9.10 nt 연결 발음하기

-Vnt- → -Vn-

nt 앞에 강세가 올 경우 n 다음에 오는 t는 생략되어 발음된다.

international → innernational
internet → innernet
want to → wanna

-nt- 앞에 강세 음절이 올 때 n 뒤에 나오는 t는 종종 생략되어 발음된다. 이는 단어 내부에서 뿐만 아니라 단어와 단어 사이에서도 이러한 현상이 일어난다.

Exercise

A. 다음을 소리 내어 읽어보시오.

  1. interface
  2. interstate
  3. interrupt
  4. interactive
  5. internet
  6. twenty
  7. printout
  8. printer
  9. printing
  10. pentagon
  11. Santa Claus

B. 괄호 부분을 발음해보시오.

  1. What do you (want to) do?
  2. Turn the (printer on).
  3. He died (twenty) years ago.
  4. Follow (Santa Claus) in his sleigh on Christmas Eve.
  5. Can you use the (internet)?

9.11 −t + ed 동사형 발음하기

-t로 끝나는 동사 + 과거접미사 ed → D 혹은 ø

-t로 끝나는 동사에 과거접미사 -ed가 붙는 경우 t는 D 소리로 나거나 혹은 생략된다.

> I want to go home. → I wanna go home.
> I wanted to go home → I wan(d)eda go home.

　-t로 끝나는 동사에 과거접미사 -ed가 붙는 경우 t는 D 소리로 나거나 혹은 생략된다. 예를 들어 I **wanted to** go home에서 wanted의 t는 D 소리로 나거나 생략되어서 I wan(d)eda로 발음된다.

Exercise

A. 인터뷰와 뉴스에서 발췌한 내용이다. 밑줄 친 부분을 주의하여
   읽어보자.

> When I was very, very little, I **wanted to** be an actress.
> Since I started writing the TIME I've had many
> letters from readers asking me how to study for English.

B. 다음 밑줄 친 부분에 유의하면서 내용을 읽어보자.

> The old man was falling asleep but his wife felt romantic and **wanted to** talk.
> She said, "You used to hold my hand when we were in bed."
> Wearily he reached across, held her hand for a second, he tried to get
> back to sleep. A few minutes later she said, "Then you used to kiss me."
> Mildly irritated, he reached across, gave her a peck on the cheek and
> settled down to sleep.
> Thirty seconds later she said, "Then you used to nibble my ears."
> Angrily he threw back the bed covers and got out of bed.
> "Where are you going?" she asked.
> "To get my teeth!"

9.12 t + ly 소리 배열 발음하기

t + ly
↳ ∅

폐쇄음 t가 ly 앞에 올 때 t를 발음하지 않거나 t 소리를 앞 음절의 음절말음에
첨가하고 순간적인 포즈를 두고 ly를 발음한다.

lately   recently

폐쇄음 't'가 'ly' 앞에 올 때 't'를 발음하지 않거나 't' 소리를 앞
음절의 음절말음에 첨가하고 순간적으로 잠간의 휴지기를 둔 후 'ly'
를 발음한다.

Exercise

A. 다음을 소리 내어 읽어보시오.

1. lately
2. mostly
3. slightly
4. recently
5. softly
6. fluently
7. brightly
8. quietly
9. currently
10. justly

B. 다음의 대화체를 연습해보자.

Bill: I've read your story in the paper yesterday.

John: Oh, you did?

Bill: It was fabulous. It's the best story I've read recently.

John: Oh, I'm so flattered.

Bill: No, I mean it. You must have put great efforts into it. It was wonderful.

John: Thanks.

9.13 폐쇄음의 음절 위치 재배열 발음하기

-p, -t, -k + V- → -pV-, -tV-, -kV-
-b, -d, -g + V- → -bV-, -dV-, gV-

단어 마지막에 오는 폐쇄음(-p, -t, -k, -b, -d, -g)은 다음에 오는 단어가 모음으로 시작할 경우 붙여서 발음한다.

studied in → studiedin
fit in → fitin

단어 마지막에 오는 폐쇄음(-p, -t, -k, -b, -d, -g)은 다음에 오는 단어가 모음으로 시작할 경우 연음(linking) 되어 발음된다. 이러한 연음 현상은 폐쇄음 이외에도 앞에 단어가 자음으로 끝나는 경우에 종종 일어난다.

<보기>
is alive → isalive
can always → canalways
faith in → fainthin
come on → comeon
watch out → watchout

Exercise

A. 다음을 소리 내어 읽어보시오.

p	b	t	d	k	g
top of stop it	rob all tub of	lot of can't accept fit any	had other made it read only	back of lock all look out	bag of tag every

s	r	th	n
bus all is alive	share it rare on	both of faith if	can allow ban against

B. 괄호 부분을 발음해보시오.

1. They (had other) plans.
2. (Lock all) the doors.
3. I want you to (stop it)!
4. He has no (faith in) his own ability.
4. We (can't allow) robbers to rob us.
5. This (is a) space (age) project.
6. They (can allow) that.
7. The (air is) rare on high mountains.

9.14 유사 자음 연결 발음하기

$-C_1 + C_2- \rightarrow C_2$ ($C_1 = C_2$가 같거나 유사음일 때)

유사한 발음이 이웃하면 그 중 앞의 발음은 거의 생략되고 뒤에 오는 발음만 길게 발음한다.

　bus system → busystem
　will loan → wiloan

영어를 모국어로 사용하는 화자들은 영어의 유사한 자음군을 발음할 때 발음의 편의상 뒤에 오는 자음을 탈락시키고 발음하는 경우가 종종 있다. 탈락된 자음은 대신에 뒤에 오는 자음의 길이를 길게 하여 줌으로써 자음이 탈락된 것을 알 수 있다.

Exercise

A. 다음을 소리 내어 읽어보시오.

1. wash shells
2. all leather
3. team members
4. gas station
5. must do
6. have vitamins
7. his zoo
8. we're ready
9. half full
10. tax saving
11. far river
12. plan nothing
13. tennis shoes

B. 괄호 부분을 발음해보시오.

1. Please, (sit down).
2. She couldn't come to our meeting because she (was sick).
3. They (left there).
4. Can you tell me how to get to the (gas station)?
5. He (told Bob) about his wonderful experiences in England.

9.15 자음군 연결 발음하기

$C_1 \; C_2 \; C_3 \rightarrow -C_1 \; \emptyset \; C_3$

단어 내에 3개 이상의 자음군에서 중간 자음은 거의 발음되지 않거나 생략된다.

acts[ækts]   →   [æks]
accepts[əksɜpts]   →   [əksɜps]

   영어 모국어 화자들은 단어 내에 3개 이상의 자음들이 연결되어 배열하는 구조에서는 발음의 편의상 중간에 오는 자음을 아주 약하게 발음하거나 생략하여 발음한다.

Exercise

A. 다음을 소리 내어 읽어보시오.

   1. tests[tests]   → {tess}

   2. asked[æskt]   → {æst}

   3. lifts[lifts]   → {lifs}

   4. consists[kənsists]   → {kənsiss}

   5. acts[ækts]   → {æks}

B. 다음의 뉴스를 밑줄 친 부분에 유의하여 소리 내어 읽으시오.

News 청취 따라잡기

The Korean government plans to sell off its stake in Kookmin Bank next year, the Ministry of Finance and Economy said yesterday.

The plan is part of the government's efforts to privatize state-owned commercial banks within 3 to 4 years.

The government **currentty** owns a 9.3 percent stake in the nation's largest commercial bank and expects to raise 1.6 trillion won from selling it off.

9.16 자음군 C + th + C 발음하기

C + th + (C) # → C ø C #

단어 내에 있는 th 음 주변에 자음이 올 때 생략되어 발음된다.

months[mən θ s]   →   [məns]
tenths[ten θ s]   →   [tens]

영어발음 중 한국인들에게 어려운 음 중의 하나가 파찰음 'th'의 [θ] 혹은 [ð] 발음이다. 이는 우리말에 여기에 해당하는 음이 없기 때문이다. 특히 'th' 음 하나도 발음하기가 어려운데 'th' 주변에 다른 자음들이 올 경우 더구나 'th' 음 다음에 치경음에 해당하는 's' 음이 오면 혀끝을 아랫니와 윗니 사이에 넣었다가 's'를 발음하기 위해 혀끝을 치경 쪽으로 옮겨야 하는데 이것이 여간 어려운 것이 아니다. 이는 영어 모국어 화자에게도 마찬가지로 어렵다. 따라서 이러한 불편한 발음을 해소하기 위해서 종종 'th' 음을 아주 약하게 발음하거나 생략하여 발음하는 경향이 있다.

Tips

영어에서 강세 없는 음절이나 음은 생략될 수 있다.예를 들어 because의 첫 음절인 be는 강세 없는 음절이므로 종종 be가 생략되어 'cause로 발음 된다.다른 예들을 더 살펴보면 다음과 같다.

of course   →   'course
excuse   →   'scuse
nothing   →   nothin'

Exercise

A. 다음을 소리 내어 읽어보시오.

1. fifths[fif θ s] → [fifs]
2. depths[dɛp θ s] → [dɛps]
3. lengths[lɛŋ θ s] → [lɛŋs]
4. months[mən θ s] → [məns]
5. tenths[ten θ s] → [tens]

B. 괄호 부분을 발음해보시오.

1. For five (months Tom) has studied in the city.
2. Jane would go to any (lengths to) solve the problem.
3. John will own nine (tenths of) the land.
4. About (three fifths) of the city had been rebuilt.
5. In January we usually are in (the depths) of winter.

발음습득 요인과 목표

발음 지도는 여러 교수 방법들의 변화와 더불어 발전해왔다. 그러나 지금까지 발음 지도에 대한 가장 좋은 방법에 대해서는 의견이 일치되지 않고 있다. 발음 지도와 더불어 중요하게 생각할 사항은 발음을 학습하는 학습자이다. 왜냐면 아무리 탁월한 발음 지도 방법이 제시된다 하더라도 발음을 직접 학습하는 학습자의 상황을 알지 못하고서는 성공적인 발음습득이 이루질 수가 없기 때문이다. 따라서 효과적인 발음 지도를 위해서는 교사가 자신이 담당하는 학습자들의 발음습득 요인을 이해하는 것이 필요하다. 학습자의 발음습득에 영향을 미치는 요인으로는 학습자의 나이, 목표어에 대한 노출정도, 적성, 태도, 동기 및 학습자의 모국어 등을 고려하여 발음 지도하는 것이 필요하다. 이에 관한 정리로서 Celce-Murcia 외(2002: 14)에서는 다음과 같이 말하고 있다.

These factors focus on the lerner, and involve the effects of age, exposure to the target language, amount and type of prior second language instruction, aptitude, attitude and motivation, and the role of the learner's first language on the phonological acquisition of a second language.
(학습자 연령, 습득 언어 접촉 정도, 제2언어에 대한 이전 학습의 시간 수 및 유형, 적성, 태도, 동기, 외국어 습득에서의 학습자 모국어의 역할 등 여러 요인들이 교육 과정에 반영될 필요가 있다.)

위에 제시된 사항들을 요목별로 정리하면 다음과 같다.

- 학습을 수행하는 사람의 나이
- 학습하려는 언어에 노출된 사전적 경험
- 학습 목표로 설정한 언어를 교습 받은 시간 수와 방법
- 적성, 태도, 동기
- 학습자의 모국어가 외국어의 음운론적 습득에 미치는 역할

10.1 학습자의 나이

성인들은 제2언어를 습득해 가는 과정에서 형태론이나 통사론과 같은 부분에서는 목표어와 같은 수준의 유창성(proficiency)을 보여 주지만, 발음에 있어서는 원어민 같은(native-like) 유창성을 거의 보여주고 있지 않다. 많은 학자들은 이러한 현상을 흥미롭게 여기고 발음습득과 나이와의 상관관계에 대해서 많은 연구를 하고 있었다. 한 가지 가설은 아이들은 원어민과 같은 발음을 습득할 수 있지만 성인은 어렵다는 것이다. 이는 언어 습득에 '결정적 시기(critical period)'가 있다는 가설에 근거를 두고 있다. 즉 어려서 말을 배워야지 이 시기가 지나면 '기회의 창'이 닫혀 버린다는 것이다. 결정적 시기 가설은 1967년 미국의 Lenneberg 교수가 '언어의 생물학적 기초'란 책에서 제기했는데 그는 인간의 언어 습득은 뇌나 발성기관의 발달 특성 때문에 사춘기(puberty)가 지나면 어렵다고 주장한다. 즉 사춘기 이전은 뇌의 편중화 현상(laterlization)이 일어나기 이전이므로 언어습득이 가능하지만 이 시기를 지나면 뇌의 편중화가 일어나 인간의 뇌가 언어 습득 능력을 상실한다는 것이다. 따라서 뇌의 편중화가 일어나게 되면 뇌의 유연성이 없어져서 사춘기 이후에는 원

어민 같은 발음을 습득할 수 없다는 것이다(Scovel 1969, Krashen 1973).

나이와 관련하여 연구된 실험은 많이 있다. Asher와 Garcia(1969)는 쿠바에서 미국으로 이주해온 9~17세의 청소년 71명을 대상으로 조사한 결과 1~6세 사이에 이주해왔고 거주기간이 5~8년 된 어린이의 68%가 원어민과 거의 같은(near native-like) 완벽한 발음을 한다고 보고하고 있다. 모국어의 발음이 약간 남아있다고 판단되는 경우는 6세 이전에 이주해 온 어린이의 32%, 12세 이전에 이주해온 어린이의 43%였으나 13세 이후에 이주해온 사람의 93%는 완벽한 영어발음을 하지 못하고 모국어의 억양이 그대로 남아있다고 한다. Oyama(1976) 또한 이탈리아에서 미국으로 이민 온 성인 영어학습자를 대상으로 연구하여 어릴 때 미국에 이민 온 사람이 사춘기 이후에 이민 온 사람보다 영어발음이 원어민과 유사하다는 사실을 보고하고 있다. 그는 영어를 학습한 시기가 11살 근처인 경우에는 모국어발음의 악센트가 거의 없으며 11살에서 15살인 경우에는 악센트가 어느 정도 있고 15세 이후인 경우에는 악센트가 있다고 한다.

Krashen 그리고 Selieger(1975)나 Rosansky(1975)들도 외국어의 발음이나 음운습득에는 한계연령이 있어 사춘기 이후에는 완전 습득이 어렵다고 주장하고 있다. Olson 그리고 Samuels(1973) 또한 ESL상황에서 연령과 외국어 발음의 정확도 사이에 어떤 관계가 있느냐에 대한 연구에서 동일한 기간과 조건하에서 성인들과 아동들에게 외국어 발음을 가르치면 어린이가 성인보다 원어민 친구들과 더 빈번히 접촉하여 목표어의 정확한 발음을 모방할 기회가 많기 때문에 어린이가 성인보다 외국어를 더 정확하게 배울 수 있다고 한다. 그러나 이러한 결정적 시기 가설을 뒷받침하는 주장들은 발음 습득과 관련된 학습자의 학습 능력, 영어에 대한 노출정도, 영어에 대한 학습 동기 및 태도, 영어의 사용 기회 여부 등과 같은 요인들을 간과했다는 비판을 받게 되면서 설득력을 잃고 있다.

최근에 인지과학자들은 언어습득에는 단 하나의 결정적 시기보다는 다수의 민감한 시기(sensitive period)가 있어 이 시기에 언어습득의 여러 가지 양상이 일어난다고 주장하고 있다. Lieberman 그리고 Blumstein(1988)에 따르면 아동과 성인은 아주 유사한 방식으로 소리를 인식하며, Massaro(1987)는 이 두 나이집단의 차이는 선천적인 능력의 차이보다는 외부환경 요인과 더 관련이 있다고 주장하고 있다. Diamond(1988)는 뇌라는 것은 평생을 유연성을 갖고 있기 때문에 성인의 뇌가 퇴화한다거나 새로운 음을 생성할 수 없다는 생각은 잘못된 것이라고 지적하고 있다.

≪동아일보≫(2002년 1월 14일자)에 소개된 <외국어 어른 돼서도 잘할 수 있다>라는 기사 역시 언어습득의 결정적 시기를 부정하는 내용을 소개하고 있다. 막스 플랑크 연구소 신경과학자인 Angela D. Friederici 박사는 결정적 시기가설을 부정하는 연구 결과를 미국과학아카데미 회보 최근호에 발표했다. 그는 객관적 분석을 위해 '브론칸토'라는 인공언어를 가르치고 뇌의 활동을 관찰한 결과 뇌의 전기적 활동은 인공언어를 처리할 때나 모국어를 할 때나 똑같은 패턴을 나타낸다는 것을 알아냈다. 지금까지는 '결정적 시기 가설'에 따라 모국어와 나중에 배우는 외국어는 다른 방식으로 뇌에서 처리된다고 생각해왔는데 이것이 잘못되었다는 것을 입증하였다. 또한 미국 스탠포드대 교육학자 Kenji Hakuta 교수는 인구센서스를 활용해 중국과 스페인계의 이민자의 이민 시기별 영어 능력을 조사했다. 그는 일정 나이가 지나도 영어 능력이 뚝 떨어지는 현상은 없다고 주장한다. 그는 '결정적 시기 가설은 근거가 희박하며 단지 나이가 들수록 완만하게 언어습득 능력이 떨어지는 것일 뿐이다'고 한다.

뉴욕 시립대 Gicela Cia 교수는 아예 '결정적 시기 가설' 대신에 '주요사용언어 교체 가설'을 주장하고 있다. 이민 온 어린이가 영어를 잘하는 것은 학교에서 영어를 쓸 수밖에 없는 반면 어른은 모국어를 계속 쓰는 시간이 많기 때문에 영어를 못한다는 것이다.

　위의 내용들을 종합해볼 때 사춘기 이후의 성인이 영어를 학습할 때 영향을 미치는 것은 생물학적 요인보다는 영어를 배울 수 있는 환경과 학습자의 영어의 필요성이 중요한 역할을 한다고 할 수 있다.

더 알아보기

Lenneberg(1967)에서는 뇌 성숙이 나이에 따라 다르기 때문에 언어발달과정이 뇌 성숙과 관련이 있으며, 언어습득에 결정적인 시기를 제공해주는 시기를 제공해주는 나이가 있다고 언급하였다. 이 나이를 사춘기라고 부르며 이 시기에는 완전한 성숙이 이루어지는 시기이므로 이 시기가 지나서 언어를 배운다는 것은 힘들다고 한다. 다음의 도표는 이를 잘 나타내주고 있다.

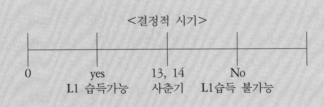

<결정적 시기>

| 0 | yes
L1 습득가능 | 13, 14
사춘기 | No
L1습득 불가능 |

10.2　목표언어의 노출 정도

　Postovsky(1974), Asher(1977) 그리고 Krashen(1982) 등에 따르면 학습자들은 그들이 받아들이는 입력으로부터 언어를 습득하므로 말하기 이전에 상당한 양의 이해 가능한 입력을 받아들여 한다고 주장한다. 즉 목표어에 대한 노출 정도가 학습자의 언어습득을 결정지을 수 있는 중요한 요인이 된다. 따라서 성공적인 영어발음 습득을 위해서는 영어에 대한 노출이 많이 있어야 한다. 그러나 한국 영어학습자에게는 영어에 노출되는 시간이 절대적으로 부족하다. 1997년부터 초등학교에 영어과목이 공식적으로 도입되었지만 일반적으로 한국 영어학습자는 학교에서 일주일에 약 3시간 정도의 수업을 통하여 영어에 노출되고 있다. 이는 초등학교에서 대학에 이르기까지 비슷한 처지이다. 그리고 우리가 접하고 있는 교실수업에서의 영어는 대부분이 원어민이 아닌 한국인 영어 교사들에 의해서 영어와 한국어로 진행되고 있는 실정이다. 따라서 실제적으로 영어에만 노출되는 시간은 훨씬 적다고 볼 수 있다. 개인적으로 영어에 많은 시간을 소비한다고 해도 하루에 약 10시간 이상을 영어에 자신을 노출시키는 것은 결코 쉬운 일이 아니다. 그나마 이 10시간 중에서 영어를 말하고 듣는데 보내는 시간은 그보다 적다고 할 수 있다. 그만큼 영어를 듣고 말할 수 있는 기회가 적다는 것이다. 그러나 영어권에 있는 사람들은 어떤가? 이들은 아침에 눈을 뜨면서부터 영어로 말하고 영어로 듣는 것부터 하루의 일과가 시작된다. 학교에서도 원어민에 의한 영어강의 수업을 듣고 친구들과 대화도 영어로 한다. 책도 영어로 되어있는 것을 읽고 본다. 발표도 영어로 하고 숙제도 영어로 한다. 그 밖의 TV, 영화, 인터넷, 쇼핑, 노래 등과 같은 교실 밖의 생활도 모두 영어로 접하고 있다. 적어도 잠자는 시간외에는 매순간 영어에 노출되어 살고 있다. 한국에 살고 있는 우리와 비교할 때 영어의 노출시간은 상대가 안 되는 것이다. 그러니 당연히 영어권에 살고 있는 사람들이 영어를 잘 할 수 있는 가능성이 훨씬 높은 것이다. 그러나 영어권에 살면서 영어에 노출되어도 노력하지 않으면 영어를 원어민처럼 하기가 쉽지 않다. 예를 들어 한국에서 아이들을 데리고 미국으로 이민 가거나 적어도 1년 이상 체류를 하는 경우에 아이들은 금방 영어가 향상되는데 어른들은 별로 나아지지 않는다는 말을 종종 한다. 더욱이 한국인들이 많이 살고 있는 LA, New York 등지에 살면 어른의 경우 한국말로 거의 통하기 때문에 영어를 할 필요성을 별로 느끼지 못한다. 특히 어른의 경우에는 주로 한국인을 상대로 하는 비즈니스를 하기 때문에 실제로 미국에 있지만 언어는 계속 한국어를 사용한다. 일을 마치고 집에 돌아가면 피곤하기 때문에 TV 볼 시간도 없이 잠자리에 든다. 간혹 TV나 신문을 본다고 해도 주로 한국어 방송이나 한국어 비디오를 빌려다가 보고 한국어로 된 신문을 보기 때문에 영어를 접할 기회가 거의 없다. 그러나 아이들은 어떤가? 아이들은 미국에 오면 학교에 다닌다. 초중고의 하루 평균 수업 시간은 6~7시간이다. 이들은 원어민에 의해 영어로 진행되는 수업을 듣고 영어로 친구들과 이야기하고 영어로 된 책을 보고 영어로 숙제를 해간다. 그리고 어른들보다 미국사회에 적응이 빨라서 영어 TV를 시청하는데 조금도 거부감이 없다. 시간이 지날수록 동일한 영어환경에 노출되어있지만 아이들과 어른들과의 영어차이는 점점 벌어지게 된다. 당연히 영어에 많은 노출이 된 아이들이 영어를 잘 할 수밖에 없다. 영어의 발음도 영어에 노출된 만큼 원어민의 발음에 가깝게 될 수가 있다.

한국에 살고 있는 우리는 지금까지 영어에 얼마나 노출되어 왔는가? 하루에 몇 시간 아니 몇 분을 영어를 사용하고 있는가? 아마 하루에 영어를 읽고 듣는 것에 비해 거의 10분도 영어를 말할 기회가 없을 것이다. 그러니 당연히 우리의 구강구조가 제대로 움직일 리가 없다. 그러면서 스스로 영어가 잘 안 된다 혹은 나이가 들어서 영어 발음이 안 된다고 포기하는 것은 우리가 가지고 있는 가능성을 활용도 하지 않은 채 묻어두는 경우가 된다. 우리의 영어발음 습득이 어려웠던 이유 중 하나는 학습자의 나이보다는 영어에 대한 노출이 부족했었을 뿐만 아니라 그 동안 입을 통하여 영어를 많이 사용하지 않았기 때문이다. 이제부터라도 영어발음을 원어민처럼 하고 싶다면 영어를 많이 듣고 많이 말할 수 있는 기회를 가져야 할 것이다.

10.3 발음에 대한 태도 및 동기

  영어학습자 가운데 일부는 '나는 원어민처럼 발음을 할 수가 없어' 혹은 '나는 꼭 원어민처럼 영어를 발음 할 필요가 없어' 또는 '나는 원어민처럼 발음하는 것이 안 좋다고 생각한다.'라고 믿는 사람들이 있다. 이러한 학습자의 말속에서 생리적 거부반응, 심리적 거부반응, 사회문화적인 거부 반응의 태도를 엿볼 수가 있다. 이러한 태도는 영어에 대한 영어학습자의 위치와 목표에 따라서 있을 수 있는 것이다. 가령 사회생활을 하면서 영어가 거의 필요 없거나 아니면 단지 영어를 간단한 의사소통이나 여행에 필요한 정도로만 생각한다면 가능한 태도들이다. 그러나 적어도 영어발음에 대해 관심을 갖는 학습자라면 영어발음 학습의 목표를 원어민에 가까운 발음습득에 목표를 두고 노력을 해야 한다. 특히 영어를 가르치거나 영어로 강의나 회의를 진행해야 하는 사람, 영어권 국가에서의 변호사, 영어 사용 영화나 연극에 출현하는 배우, 외국인 회사에 근무하는 사람, 영어를 주로 사용하는 해외담당 부서에서 근무하는 사람, 영어를 사용하는 사람과 비즈니스를 하거나 영어권 국가로의 잦은 출장을 가는 사람 등 영어를 많이 사용해야 하는 사람들은 영어발음도 원어민에 가깝도록 노력을 해야 한다.

  Schumann(1986)에 따르면 문화에 성공적으로 적응하는 데는 통합적 동기(integrative motivation)와 동화적 동기(assimilative motivation)
가 있는데, 단지 목표어의 문화에 사회적으로 통합하기를 원하는 통
합적 동기를 가진 학습자보다는 목표어를 사용하는 집단의 한 구성
원이 되기를 원하는 동화적 동기를 가진 학습자가 원어민과 같은 발
음을 습득하는데 보다 성공적 일 수 있다고 한다. 그러나 중요한 것
은 어떤 동기를 갖든 간에 동기가 강한 쪽의 학습자가 원어민과 유
사한 발음을 습득하는데 성공적일 수 있다는 것이다. 따라서 성공적
인 영어발음 습득은 학습자가 강한 동기를 가지고 나도 원어민과 같
은 발음을 할 수 있다는 자신감 있는 태도에 달려 있다고 할 수 있
다.

10.4 모국어의 영향

　영어 원어민은 영어가 모국어가 아닌 영어학습자들의 영어를 듣
고 그들에게서 발견되는 악센트로 학습자가 스페인어 화자인지 혹
은 러시아어, 중국어, 한국어, 일본어 화자인지 등을 식별한다. 이는
언어마다 음의 목록(inventory of sounds)이 다르고 이러한 음을 단
어로 결합시키는 규칙도 다르며 강세와 억양도 모두 다르기 때문에
인데 이것이 영어를 사용할 때 영어에 그대로 반영되기 때문이다.
따라서 영어를 학습하는 학습자가 범하는 발음의 오류는 임의대로
아무렇게나 생성되는 것이 아니고 학습자의 모국어의 음 목록, 음의
결합, 강세와 억양 패턴을 반영하는 것이다. 모국어의 음 체계는 학
습자의 영어발음에 다음과 같은 영향을 미친다고 볼 수 있다.

　첫째, 영어학습자가 모국어에 없는 음을 영어에서 접할 때 학습자

는 그 소리에 대한 어려움을 느낄 수가 있다. 예를 들어 한국인 영어학습자는 한국어에 없는 영어 자음 /f, θ, ð/ 등을 접할 때 이러한 소리들을 정확하게 발음하거나 이를 식별하는데 어려움을 느낀다. 특히 모국어 음을 생성하는데 입의 근육조직이 익숙해진 성인 영어학습자는 새로운 입의 근육조직의 연습이 필요한 영어 자음 /f, θ, ð/ 등의 경우에는 상당한 어려움을 느낄 수가 있다.

둘째, 영어학습자는 소리를 단어로 결합시키는 규칙이 모국어와 다르기 때문에 어려움을 느낄 수가 있다. 예를 들어 한국어에는 모음 앞과 뒤에 하나의 자음만 올 수 있는데 영어에서는 모음 앞에 3개의 자음과 모음 뒤에 4개의 자음까지 올 수가 있다. 따라서 한국인 영어학습자는 영어 단어 spring처럼 모음 앞에 자음이 2개 이상 오는 경우에 자음과 자음 사이에 모음을 삽입하여 [스프링]처럼 발음하는 경향이 있다.

셋째, 모국어의 강세와 억양 패턴이 영어에 전이 될 수 있다. 즉 우리말은 강세와 억양이 없는 언어이므로 한국인 영어학습자는 영어를 말할 때 강세를 잘 지키지 않거나 리듬 없이 평탄하게 영어를 말하는 경향이 있다.

모국어는 영어의 음을 생성하는 것뿐만 아니라 영어 음을 듣는 데에도 영향을 미친다. 즉 영어학습자는 영어를 들을 때 모국어의 음체계가 필터(filter)의 역할을 한다. 이는 영어학습자가 영어를 들을 때 직접 영어의 음을 듣는 것이 아니라 모국어의 음 체계를 지나면서 걸러지는 과정 속에서 영어의 음을 듣는다는 것이다. 따라서 영어의 음이 잘 안 들리는 것은 이러한 모국어의 필터작용이 영어 듣기에 영향을 미치기 때문이다.

10.5 영어발음 목표

영어발음의 목표는 크게 두 가지로 나누어진다. 하나는 발음의 목표를 원어민의 발음과 같은 수준까지 이르도록 목표를 설정하는 것이고, 두 번째는 의사소통에 아무런 불편함 없이 이해할 수 있는 (intelligible) 정도의 발음 습득을 목표로 정하는 것이다. 이를 바탕으로 영어발음 목표는 다시 두 가지 입장에서 생각해 볼 수 있다. 먼저 교사의 입장에서 영어발음 지도의 목표를 설정하는 것인데 이 때 교사는 학습자가 처해져 있는 환경, 발음습득에 영향을 미치는 학습자 요인 그리고 학습자의 발음 습득에 대한 요구를 고려하여 목표를 설정하는 것이 필요하다. 즉 학습자가 처해져 있는 환경이 EFL 환경인지 아니면 ESL환경인지, 학습 대상의 나이는 어떻게 이루어져 있는지, 학습자가 원하는 발음의 목표는 무엇인지 알고 발음 지도의 목표를 설정하는 것이 필요하다.

다음은 학습자의 입장에서 발음 습득의 목표를 정하는 것인데 학습자는 누구보다 자신의 학습자 요인을 잘 알고 있고 발음 습득을 어느 정도까지 해야 하는지를 잘 알고 있다. 물론 학습자의 나이가 어린 경우 학습자 스스로 자신의 학습 요인을 객관적으로 분석할 수 없고 또한 미래에 어떤 일에 종사할지 결정하기가 어려운 경우에는 교사가 정한 발음 지도의 목표를 따라오면 된다. 그러나 학습자가 자신의 학습 요인을 파악할 수 있거나 영어발음의 필요성을 아는 경우에는 스스로 발음 습득의 목표를 설정할 수 있다. 예를 들어 영어를 가르치거나 영어로 강의나 회의를 진행해야 하는 사람, 영어권 국가에서의 변호사, 영어 사용 영화나 연극에 출현하는 배우, 외국인 회사에 근무하는 사람, 영어를 주로 사용하는 해외담당 부서에서 근무하는 사람, 영어를 사용하는 사람과 비즈니스를 하거나 영어권 국가로의 잦은 출장을 가는 사람 등 영어를 많이 사용해야 하는 사람들은 영어발음 습득의 목표를 원어민에 가깝도록 정해야 한다. 그러나 이 외의 영어학습자의 발음습득 목표는 의사소통에 아무런 불편함 없이 이해할 수 있는 'intelligible' 수준 정도의 발음 습득을 목표로 정하는 것이 필요하다.

영어교수법에 따른 발음 지도 접근법

지금까지 영어교수법에 있어서 발음 지도는 Celce-Murcia 등(2002)에 의하면 직관적-모방적 접근법과 분석적-언어적 접근법 두 가지 방향으로 발전해왔다.

•**직관적-모방적 접근법**(intuitive-imitative approach)
학습자들에게 명시적인 정보를 제공하지 않고 목표어에 대한 리듬과 소리를 듣고 모방하도록 하는 방법이다. 이 접근법은 원어민의 발음을 듣고 모방할 수 있는 좋은 모델이 있어야 하는 것을 전제로 하고 있다.

•**분석적-언어적 접근법**(analytic-linguistic approach)
음성기호(phonetic alphabet), 조음기술(articulatory descriptions), 발성기관 도표(chart of vocal apparatus), 대조정보(contrastive information)와 이외에 청취, 모방 그리고 소리 생성에 도움이 되는 정보와 자료를 이용하는 방법이다. 이 접근법은 명시적으로 학습자에게 목표어의 소리와 리듬을 알려주고 이에 대한 관심에 초점을 맞추며 직관적-모방적 접근법을 대체하는 방법보다는 오히려 보완하는 쪽으로 발전하였다.

11.1 문법번역식 교수법

지금까지 언어 교육은 주로 문법번역식 교수법(Grammar Translation Method: GTM) 중심이었다. 문법이나 독해가 학습자의 모국어를 토대로 교육되던 상황에서는 목표어에 대한 구두의사소통은 학습의 주된 목표가 아니었다. 따라서 발음 지도는 거의 관심이 없는 대상이었다. 기존의 교육 방법론적 배경은 다음과 같이 정리될 수 있다.

a. 가장 오래된 교수법으로 고대 그리스-로마에서부터 사용되었다.
b. 라틴어와 그리스어를 가르치는 데에 주로 사용되었다.
c. 19세기경부터 현대어 교육에 가장 많이 사용되었다.

이 방식의 교육의 목표는 문법규칙과 어휘를 학습시키고 이에 입각해서 모든 외국어를 모국어로 번역하며 더 나아가서는 모국어를 외국어로 번역하는 능력을 기르는 것이다. 방법의 측면을 보면 다음과 같다.

문법규칙 → 문법항목 연습 → 번역학습

교육 진행 방향의 특징은 다섯 가지로 정리할 수 있다.

- 수업은 모국어로 진행되며, 목표어의 사용은 거의 이루어지지 않는다.
- 어휘학습이 개별적인 형태로 이루어진다.
- 문법 설명 위주이며 수업은 주로 단어 형태 및 굴절에 중심을 둔다.
- 초기에 난해한 문학 독서가 요구된다.
- 발음에는 거의 관심을 두지 않는다.

물론 이 방법에 문제가 없는 것은 아니다. 이에 관련된 내용은 크
게 다섯 가지로 볼 수 있다.

- 문어(written language) 중심 수업으로서 구어(spoken language) 연습이
  소홀하다.
- 의사소통(communication)을 위한 훈련이 등한시된다.
- 교재가 문학작품들로서 생활 실용 표현보다는 문학적, 수사적인 표현
  위주 학습이다.
- 수업 시간을 문법 설명과 교재 번역에 치중하여 외국어가 사용되는 비
  율이 아주 낮다.
- 번역기술 외에 언어의 다른 기능을 습득하기가 어렵다.

11.2 직접교수법과 자연주의적 접근법

1800년대 말과 1900년대 초에 인기를 얻었던 직접교수법에서는 직
관적-모방적 접근법을 통해서 발음이 교수되었다. 학생들은 원어민 교
사나 원어민의 발음을 들을 수 있는 녹음기와 같은 모델을 모방하고
이를 반복함으로써 발음을 익힌다. 이러한 교수방법은 아이들이 모국
어를 습득해갈 때 말하기 이전에 듣기를 먼저 한다는 관찰에 근거를
두고 있어서 이를 자연주의적 접근법(naturalistic methods)이라고도
한다. 이러한 접근법에 기초한 교수방법은 Ashser(1977)의 전신반응
법(Total Physical Response)과 Krashen과 Terrell(1983)의 자연주의
적 접근법(Natural Approach)이 있다. 이들의 주장은 말하기 이전에
듣기를 강조함으로써 학습자들이 목표언어의 소리체계를 내면화하면
나중에 발음이 상당히 좋아진다는 것이다. 이 방식의 배경은 우선 문
법번역식(GTM)에 대한 반작용으로 출발하여 1930년대 성행하였으
며 주요 학자로는 Parmer(1992), Sweet(1964), Jespersen(1956) 등이

있다. 이 교육방법론은 다음과 같이 정리할 수 있다.

- 외국어와의 직접적인 접촉을 통해서 외국어를 습득케 하는 방법이다. 넓은 의미로는 어린아이들이 모국어를 배우는 과정을 모방하려는 자연주의적 접근법으로부터 외국어 전용을 원칙으로 하되 모국어의 사용을 어느 정도는 용인하는 절충식에 이르기까지 많은 방법을 총칭하는 것이라고 볼 수 있다.

그리고 직접교수법과 자연주의적 접근법 중심의 교육 특징은 네 가지로 정리할 수 있다.

- 교실수업은 목표어로만 진행된다.
- 일상생활 어휘와 문장만을 교수한다.
- 문법은 귀납적으로 교수한다.
- 정확한 발음과 문법을 강조한다.

11.3 개혁운동

1890년대에 최초로 발음 지도에 대한 언어적-분석적 접근이 개혁운동(Reform Movement)으로 일어났다. 이 개혁운동에 영향을 미친 Henry Sweet, Wilhëlm Vietor, Paul Passy 등의 음성학자들은 1886년에 국제음성협회(International Phonetic Association)를 만들고 국제음성기호(International Phonetic Alphabet: IPA)를 개발하였다. 국제음성기호는 언어의 소리체계를 기술하고 분석하고, 문자기호와 이를 나타내는 소리와의 일대일 대응관계에 근거해서 모든 언어의 소리를 정확하게 나타내는 것을 가능하게 해주었다. 이들은 언어교수에서 다음 내용의 수행 필요성을 주장하였다.

a. 구어체 언어를 먼저 교수한다,
b. 음성학의 연구 결과들을 언어교수에 적용한다.
c. 교사들은 음성학 훈련을 받아야 한다.
d. 학습자들 또한 좋은 언어 습관을 갖기 위해서 음성학 훈련을 받는다.

11.4 청화식 교수법

개혁운동은 1940년대에서 1950년대에 미국의 청화식 교수법 (Audiolingual Method: ALM)과 영국의 구두접근법(Oral Approach: OA)의 발전에 상당한 영향을 미쳤다. 청화식 교수법은 구조주의와 행동주의 심리학에 근거를 두고 발전하였다. 구조주의 언어학에서는 언어를 모방과 반복에 의한 습관에 의해서 습득된다고 보았다. 따라서 이러한 교수방법에서는 발음이 아주 중요하고 처음부터 명시적으로 교수된다. 직접교수 방법에서처럼 교사는 학습자가 모방하거나 따라할 개별음, 단어 혹은 발화를 제시하지만, 두 교수 방법의 차이는 청화식 교수법에서는 교사가 발음기호나 조음점을 보여주는 차트와 같은 음성학적 정보를 이용한다는 것이다. 또한 교사는 구조주의 언어학에서 사용되는 대조분석 개념을 이용하여 최소대립쌍 연습(minimal pair drill)을 시킨다. 따라서 교사는 처음부터 학습자들에게 듣기 훈련을 강조한다.

이 접근 방식의 배경을 생각해보면 1930년대부터 미국에서 이론적 체계를 확립하기 시작한 구조주의 언어학과 행동주의 심리학의 영향을 받고 발전하기 시작하면서부터였다. 구조주의 문법의 특징을 간략하게 언급하자면,

– 음성 측면을 중시하기 때문에 모국어 화자(native speaker)가 일상생활

에서 사용하는 구어(spoken language)를 연구의 대상으로 한다.
- 언어의 연구는 이성적, 연역적인 방법을 지양하고 객관적, 귀납적인 방법을 사용하고, 물리적인 대상 및 관찰 가능 대상들을 중심으로 분석을 시행하였다.
- 언어를 일련의 습관(habit)으로 간주한다.
- 언어의 연구는 음운론 → 형태론 → 통사론의 순서로 소단위에서 대단위로 올라간다. 여기서 중요한 것은 이들 사이의 계층혼합(level mixing)을 허용하지 않는 것이다. 즉 음운론을 기술하기 위해서 상위정보에 해당하는 통사론의 정보를 이용할 수 없도록 되어 있다.
- 언어 상호간에는 공통성이 없으므로 개개 언어에 대해서는 개별적인 연구를 해야 한다고 보았기 때문에 변형문법에서 말하는 언어의 보편성을 염두에 두지 않았다.

ALM 이전 제2차 세계대전에 미국이 미군을 세계 각지에 파견하기 위해 사용되었던 ASTP(Army Specialized Training Program)을 기반으로 보다 보편적으로는 Army Method가 변화와 적응을 거쳐 1950년대 ALM으로 알려지게 되었다. 또한 이 방법은 Michigan 대학에서 Fries 교수가 중심이 되어 English Language Institute에서 유학생을 대상으로 8주간 동안 pattern practice를 중심으로 영어를 가르친 방법으로 Michigan Method 또는 Fries Method라고 한다.

교육 수행 방법을 보면 주로 대화연습(dialogue drills) 그리고 패턴연습(pattern drills)을 중심으로 학생들을 학습시키는 방법에 집중되어 있다. 교육 방법론으로서의 특징을 정리하면 다음과 같이 열거될 수 있다.

- 새 학습 자료를 대화식으로 제시한다.
- 모방, 일정한 구의 암기 및 과잉학습에 의존한다.
- 구문은 대조분석의 방법으로 순서에 따라 전개되며 한 번에 하나씩 교수한다.

- 문법은 별로 설명하지 않거나 전혀 설명하지 않는다. 문법 설명은 귀납적인 방법으로 교수된다.
- 발음에 많은 중요성을 부여한다.
- 교사의 모국어 사용을 극히 제한해서 사용한다.
- 학생들로 하여금 오류 없는 발화를 생성하도록 노력한다.

11.5 인지주의적 접근법

1960년대에 변형생성문법과 인지주의 심리학에 영향을 받은 인지주의적 접근법(Cognitive Approach)이 대두되었다. 이 접근법에서는 언어를 습관형성이라기보다는 규칙의 지배를 받는 행동이라고 간주하였다. 여기에서는 원어민과 같은 발음은 현실적으로 불가능하고 도달할 수 없는 목표로 간주하여 발음보다는 학습가능성이 높은 문법이나 어휘를 더 강조하였다. 여기서 중요시 되고 있는 변형생성문법을 정리하지만 다음과 같다.

- 구조주의 문법의 난점을 극복하기 위하여 Chomsky(1957)에 의해 제안되었다.
- 인간언어의 공통성에 대한 강력한 가설을 제시하였다.
- 구조문법의 명시적 관점을 유지하면서도 전통문법의 직관, 인간언어의 공통성에 대한 지식이나 가설 등 무엇이든 유용한 사항들을 활용하였다.

지금까지 살펴본 바에 의하면 발음 지도에 대한 입장은 시대와 교수방법에 따라 변하였다. 1970년대 이전에 등장한 개혁운동, 청화식 교수법, 구두 접근법 같은 경우에는 발음 지도를 처음부터 강조하였고, 직접교수법과 자연주의적 접근법에서는 발음 오류는 언어습득 과정에서 자연스러운 것으로서 의사소통 능력이 유창해지면 사라진다고 가정하여 발음을 처음부터 강조하지는 않고 있다. 직접교수법과 청화식 교수법에서는 모두 발음을 모방과 반복을 통해서 지도하였지만 이 둘의 차이는 청화식 교수법에서는 분석적-언어적 정보에 근거한 모방을 통한 지도라는 점이다. 그렇지만 문법번역식 교수법, 독서기초 접근법, 인지주의적 접근법에서는 발음 부분이 그다지 큰 각광을 받은 것은 아니었다. 1970년대에 들어와서는 침묵식 교수법 (Silent Way)과 집단 언어 학습법(Community Language Learning)이 등장하였는데 발음 지도에 대한 입장은 서로 달랐다.

11.6 침묵식 교수법

청화식 교수법과 마찬가지로 침묵식 교수법에서도 처음부터 목표언어의 음과 구조의 정확성에 초점을 맞춘다. 따라서 학습자들은 침묵식 교수법에 의한 교실 수업 첫 날부터 목표언어의 개별적인 음 뿐만 아니라 소리의 결합, 강세, 억양 등을 배운다. 이러한 교수법을 통하여 학습자들은 정확한 발음을 만들어낼 수 있는 학습자 자신의 내적 기준을 명확하게 확립할 수 있게 된다. 침묵식 교수법과 청화식 교수법과의 차이는 침묵식 교수법에서는 학습자가 음성기호나 명시적인 언어정보 보다는 소리 체계에 초점을 맞춘다는 것이다. 이 방식에 해당되는 내용을 다시 한 번 정리하면 다음과 같이 제시할 수 있다.

- 제안자: Caleb Gattegno(1972)가 제안하였다.
- 방법 : 수업 진행 시 교사는 주로 침묵을 지키고, 도표와 색깔 있는 막대나 차트를 보조자료로 이용하여 학생들로 하여금 행동하도록 함으로써 학생들의 발화능력을 개발한다.
- 특징 : 철저한 학생 중심의 방법이다.

11.7 집단 언어 학습법

집단 언어 학습법(Community Language Learning: CLL)은 상담 치료자이며 동시에 사제였던 Chares A. Curran(1976)에 의하여 발전되었다. 이 교수법에서는 학습자들은 녹음기를 가지고 테이블에 둘러앉는다. 카운슬러(교사를 말함)가 학생 어깨 위에 손을 얹고 뒤에 서 있는 동안 학습자가 말하고 싶은 내용을 모국어로 말하면 카운슬러가 이를 목표어로 말한다. 카운슬러는 학습자가 반복하기 쉽도록 구(pharse) 단위로 말하고 학습자는 이를 반복한다. 학습자가 전체 발화를 유창하게 말하면 테이프에 녹음한다. 다음 단계에서는 녹음된 발화를 재생하는 동안 학습자는 새로운 목표어와 비교해 본다. 이것이 마쳐지면 카운슬러는 학습자가 발음 연습을 더 필요로 하는 것이 있는지 물어보고, 만일 발음 연습을 필요로 하는 학습자가 있으면 다시 학습자 뒤로 가서 학습자가 원하는 대로 구나 구의 일부를 반복한다. 이 방법의 장점으로는 학습자가 자신의 발음에 만족할 때까지 모방과 반복을 할 수 있다는 점이다. 이와 같은 집단 언어 학습법에 의한 발음 지도에는 여러 가지 도구와 기술이 필요하다.

첫째, 녹음기로 학습자의 발화를 녹음하고 자신의 발음과 카운슬러의 발음을 비교하는 것이다.
둘째, 카운슬러나 컴퓨터 기술을 이용하여 학습자의 발음을 고쳐주지 않고 발음 연습에 필요한 항목을 선택해서 필요한 만큼의 반복할 양을 결정하여 발음 연습을 하도록 해준다.

이런 식으로 학습자는 자신이 원하는 정도까지 목표언어의 발음에 근접하게 연습을 할 수 있다. 집단 언어 교수법은 직접 교수법과 마찬가지로 발음 지도에 있어서 직관적이고 모방적이다. 그러나 발음 연습할 내용과 반복할 양을 교사나 교재가 아닌 학습자 자신이 통제할 수 있다는 점이 다르다. 이 방식의 장점 및 단점은 다음과 같다.

- 장점: 이 수업에는 교사가 따로 없고 counselor라고 불리는 사람이 있어서 학생이 모국어로 이야기하면 이 말을 외국어로 번역해주고 학생은 이를 모방, 반복할 수 있다.
- 단점: Counselor가 2개 국어에 능통해야 한다. 이러한 교사를 확보하기가 매우 어렵다. 또한 자칫 비체계적인 수업이 될 수 있다.

11.8 의사소통 중심 접근법

1980년대에 들어와서 언어교수에 주류를 이루고 있는 의사소통 중심 교수법(Communicative Approach: CA)은 언어의 주된 목적이 의사소통에 있다. 의사소통 접근법은 언어의 초점을 의사소통에 둠으로써 발음 지도에 새로운 변화를 가지고 왔다.

Hinofotis와 Bailey(1980)에 의하면 영어가 모국어가 아닌 학습자에게는 발음에 대한 최소의 단계(a threshold level)가 있는데 만일 이 단계 아래에 놓여 있는 학습자는 영어문법이나 어휘가 아무리 뛰어나다 하더라도 구두 의사소통에 많은 어려움이 있다는 것이다. Celce-Mercia 등(2002: 8)에 따르면 영어권에서 강의를 하는 사람, 영어권에서 일하는 직장인, 외교관, 영어권 국가에 정착하기 위해 직업 훈련을 받는 망명자, 영어교사, 영어를 필요로 하는 일에 종사하는 여행 가이드, 웨이터, 호텔 종업원 등과 같은 학습자들을 위한 영어발음 지도 목표는 이들의 발음을 원어민과 같은 수준으로 끌어 올리는 것이 아니라 그들의 발음이 의사소통에 지장을 주지 않을 정 도의 최소 단계를 벗어나게 만드는 것이다. 즉 의사소통에 있어서 이해 가능한(intelligible) 발음 습득을 하도록 지도하는 것이다. 불행 하게도 의사소통 중심 접근법에서는 언어 교수에 있어서 발음의 역 할을 적절히 다루지 않고 있으며, 의사소통에서 발음 지도에 대한 일 치된 전략을 발전시키지 못하였다. 하지만 최근에 발음에 관심 있는 학자들은 의사소통 중심의 교수법에 전통적으로 사용되고 있는 발음 전략과 기술을 통합하여 새로운 발음 지도 방법을 발전시키고 있다.

의사소통 중심 접근법의 등장은 발음 지도에 대한 방향을 변화시 켰다. 그 동안 분절음 수준에서의 발음 지도를 해오던 것을 의사소통 으로서의 언어적 관점에서 볼 때 적절치 못하다고 판단하고, 의사소 통 중심의 발음 지도를 위해 담화에 기초한 접근법(discourse-based approach)이 여러 학자들에 의해 제기되었다. 이들은 비원어민 화자 에게 짧은 기간 동안 발음 지도를 할 경우 담화(discourse)에 기초한 초분절음(suprasegmentals: 리듬, 강세, 억양)을 먼저 지도하는 것이 가장 적절한 방법이라고 주장하였다. 특히 McNerney와 Mendelsohn (1992: 186)가 다음처럼 이러한 입장을 잘 나타내 주고 있다.

… 단기 발음과정은 가장 먼저 학습자의 영어 이해력에 영향을 미치는 초분절음에 초점을 맞추어야 한다. 영어의 초분절음을 먼저 가르치는 것 은 학습자의 이해력뿐만 아니라 좌절감을 줄일 수 있다.

오늘날 발음 지도의 방향은 '분절음/초분절음' 논쟁에서 보다 균 형 있는 입장으로 변해가고 있다. 학습자가 분절음이나 초분절음을 제대로 파악하지 못하는 것은 의사소통에 부정적인 영향을 끼친다.

따라서 어느 한쪽 방향으로 발음을 지도하는 것이 아니라 학습자의 요구에 따라 이 둘을 적절히 통합하여 발음을 지도하는 것이다. Goodwin(2001: 119)에서는 먼저 전체적인 면을 언급하고 학습자의 필요에 따라 줌 렌즈를 조절하듯이 분절음과 초분절음에 렌즈의 초점을 맞추어 가면서 발음을 지도하는 방법을 언급하고 있다.

지금까지 살펴본 교수법에 따른 발음 지도를 요약하면 다음과 같다.

교수법	발음에 대한 태도	특징
문법 번역식 교수법	발음에는 거의 관심이 없다.	모국어 사용과 문어체 언어에 관심을 둠.
직접교수법과 자연주의적 접근법	직관적-모방적 접근법을 통해서 발음이 교수된다.	말하기 이전에 듣기를 강조함으로써 학습자들이 목표언어의 소리체계를 내면화하면 나중에 발음이 상당히 좋아진다고 봄.
개혁운동	발음 지도에 대한 언어적-분석적 접근을 최초로 시도하였다.	국제음성기호를 개발함.
청화식 교수법	발음이 아주 중요하고 처음부터 명시적으로 교수한다.	교사가 발음기호나 조음점을 보여주는 차트와 같은 음성학적 정보를 이용함.
인지주의적 접근법	발음을 중요시 여기지 않는다.	원어민과 같은 발음은 현실적으로 불가능하고 도달할 수 없는 목표로 간주하여 발음보다는 학습가능성이 높은 문법이나 어휘를 더 강조함.
침묵식 교수법	수업 첫 날부터 목표언어의 개별적인 음뿐만 아니라 소리의 결합, 강세, 억양 등을 배운다.	학습자가 음성기호나 명시적인 언어정보보다는 소리 체계에 초점을 맞춤.

집단 언어학습법	발음 지도에 있어서 직관적이고 모방적이다.	발음 연습할 내용과 반복할 양을 교사나 교재가 아닌 학습자 자신이 통제할 수 있음.
의사소통 중심 접근법	의사소통에 있어서 이해 가능한 (intelligible) 발음 습득을 하도록 지도한다.	의사소통 접근법은 언어의 초점을 의사소통에 둠으로써 발음 지도에 새로운 변화를 가지고 옴.

교실 활동과 발음 지도

12.1 의사소통접근법을 통한 효과적인 영어발음 지도

그 동안 발음 지도는 개별 음, 강세 및 억양을 실제적인 의사소통과는 무관하게 독립적으로 이루어져 왔다. 그러나 최근 발음 지도는 개별 모음이나 자음에서 강세, 리듬, 억양과 같은 초분절음으로 초점이 바뀌었다. 많은 이론가들은 발음 연습은 개별적인 음이나 단어 수준을 넘어서 이루어져야 한다고 주장하고 있다. 초분절음에 대한 강조 추세는 Joan Morley의 *Improving Spoken English*(1979)와 Judy Gilvert의 *Clear Speech*(1984) 등에서 시작되었다.

12.1.1 발음 지도를 위한 별도의 수업이 필요한가?

Neil Naiman(1992)은 발음 지도를 위한 별도의 수업이 주어지지 않으면 발음 지도가 결코 이루어질 수 없다고 주장한다. 많은 교사들은 발음 지도에 대한 훈련이나 전문적 지식이 부족하여 자신들이 발음 지도를 하지 않는 것이 오히려 안전하다고 생각한다. 또 다른 교사들은 자기들은 실제적으로 발음을 지도하기에 좋은 귀를 가지고 있지 않으므로 발음 지도를 하는 것이 학습자들에게 도움이 되지 않는다고 믿고 있다. 이처럼 교사들 스스로가 영어의 음 체계에 대한 기술적인 면들을 잘 모르고 있어서 발음 지도를 매우 불편하게 생각한다. 따라서 발음 지도가 전적으로 무시되고 있기도 하다.

발음을 잘못 가르치면 학습자들은 언어학습에 있어서 발음의 중요성을 종종 이해하지 못한다. 그러나 발음 지도가 교실에서 이루어지고 교사가 자신 있게 발음을 가르치면 학습자들은 곧 발음의 중요성을 인식한다. 또한 발음이 의사소통 접근법에 의해서 지도되면 학습자들에게 발음이 재미있고 흥미로운 것이 된다. 결과적으로 학습자들은 발음의 중요성을 알고 발음을 더 배우고 싶어 한다. 발음은 언어교수의 모든 면에 통합되거나 수업에서 강조되어야 하지만, 발음 지도를 위한 별도의 수업을 갖는 것이 발음을 확실히 지도할 수 있다. 이렇게 함으로써 학습자들은 발음이 중요하다 것을 알게 된다.

12.1.2 발음 지도를 위해 별도의 실험실이 필요한가?

발음 지도를 위해서 값비싼 실험실은 필요가 없다. 단지 녹음하고 교실 활동을 감시할 수 있는 녹음 장치들만 있으면 지도를 충분하게 진행시킬 수 있다.

12.1.3 발음 지도를 위해 음성학 전문가가 되어야 하는가?

발음을 효과적으로 지도하기 위해서 영어의 음 체계를 아는 것이 필요하지만 음성학 전문가까지 될 필요는 없다. 좋은 자료가 있으면 효과적으로 발음을 지도할 수 있다. 의사소통 접근법에 근거하여 발음을 지도하기 위해서는 다음의 영역이 중요하다.

- 단어 수준을 넘어선 의미 있는 연습
- 교실활동의 과업지향
- 교실 밖에서 학습할 수 있는 전략 개발
- 학습자 중심의 교실

12.2 의사소통 접근법과 발음 지도 교과과정

의사소통 접근법과 관련된 발음 지도 교과과정을 살펴보자.

12.2.1 정보차 메우기 활동

의사소통 접근법으로 자음과 자음대조를 연습하기에 가장 쉬운 것 중의 하나가 '정보차 메우기 활동(Information-gap activities)'이다. 예를 들어 학습자가 유성 폐쇄음 /b/와 유성 마찰음 /v/를 혼동하는 경우에 음식과 같은 주제를 골라서 학생들이 /b/나 /v/로 시작되는 음식을 가능한 한 많이 생각하도록 유도한다. 이 활동은 그룹으로 시행하는 것이 좋다. 학생들은 berry, veal, liver, brown bread, vegetables, vitamins, vanilla, bean, beacon 등과 같은 이름들을 제시할 수 있다. 또한 /b/나 /v/가 들어가는 이름을 말하라고 하면 학생들은 Bill, Bob, Vickie, Barbara, Steve, Virginia 등과 같은 이름을 제시한다.

충분한 단어들이 모아지면 교사는 아래와 같이 사람 이름에는 홀수 번호가 메겨있고, 음식 이름에는 짝수 번호가 매겨진 종이를 한 그룹에 주고 다른 그룹에는 반대로 사람 이름에 짝수, 음식 이름에

홀수 번호가 매겨진 종이를 나누어준다. 가게라는 상황을 설정한 후 한 학생이 다른 그룹에 속해 있는 학생에게 'Who bought what?'이라고 물으면 상대방은 자기의 정보를 보면서 'Bill bought berry'라고 대답한다. 이런 식으로 서로 질문과 대답을 통하여 빈칸을 채운 뒤에 그 결과를 학급에서 발표한다. 이러한 활동은 영어의 음을 가지고 의사소통 연습을 할 수 있게 해준다.

A 그룹		B 그룹	
Name	Food	Name	Food
1. Bill	_____	1. _____	berry
2. _____	bread	2. Bob	_____
3. Vickie	_____	3. _____	vegetables
4. _____	vitamins	4. Barbara	_____
5. Steve	_____	5. _____	vanilla
6. _____	bean	6. Virginia	_____

12.2.2 관련 정보 연결하기

유성 폐쇄음 /b/와 유성 마찰음 /v/와 같은 음의 대조를 연습할 수 있는 또 다른 방법은 '관련 정보 연결하기(Matching exercise)' 연습이다. 학급을 두 그룹으로 나눈다. A 그룹은 여러 명의 사람들을 묘사한 문장을 갖는다. B 그룹은 각 문장에서 묘사하고 있는 사람의 그림을 갖는다. 이 활동은 묘사된 문장과 사람을 연결하는 것이다. 예를 들어 다음을 살펴보자. 관련 정보 연결하기 연습을 통해서 영어의 자음 대조를 익힐 뿐만 아니라 의사소통 연습도 할 수 있다.

A 그룹	B 그룹
1. Becky has big boots. 2. Vicky has a velvet vest. 3. Barbara is carrying a big bag. 4. Virginia is wearing gloves. 5. Bill has a shiny belt-buckle.	

12.2.3 스토리 연결하기

● ● ● ●

학생들은 각자 아래와 같이 자음의 대조를 이루는 구(phrase)를 하나씩 갖는다. 학생들은 자기가 가지고 있는 구를 이용하여 4문장 이하의 짧은 스토리를 만들어 나간다. 이때 음의 대조를 이루는 부분을 정확하게 발음하도록 한다.

구(phrase)의 예:

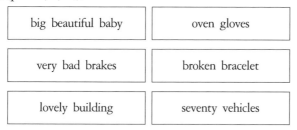

big beautiful baby	oven gloves
very bad brakes	broken bracelet
lovely building	seventy vehicles

위에 제시된 구를 이용하여 '스토리 연결하기(Chain stories)'를 수행해본다.

(예) She has a **big beautiful baby**. The baby was born in last winter. The baby's skin is white like snow. She loves **the beautiful baby**.

12.2.4 유창성을 위한 사각형 활동

최소 두 음의 대조를 연습하기 위해 '유창성을 위한 사각형 활동 (Fluency square' activities)'을 할 수 있다. 아래 그림에서 볼 수 있듯 이 큰 사각형 안에 각각의 행동을 묘사하는 4개의 작은 사각형이 있 다. 사각형 1과 2에서는 /s/(Cassie)와 /θ/(Cathy)의 대조를 연습한 다. 또한 사각형 1과 2, 사각형 3과 4에서는 /æ/(bath)와 /ʌ/(bus)의 대조를 연습한다. 한 학생이 사각형 안에 있는 활동을 묘사하면 다 른 학생은 그에 해당하는 사각형을 찾는다. 학생들이 올바른 정보를 얻기 위해서는 모음과 자음의 대조의 차이를 듣고 이를 발화할 수 있어야 한다.

Square 1: Cassie took a bus this morning.
Square 2: Cassie took a bath this morning.
Square 3: Cathy took a bath this morning.
Square 4: Cathy took a bus this morning.

12.2.5 대화문을 통한 역할놀이 활동

음의 대조를 연습하기 위해 '대화문과 역할놀이(Role-plays)'를 활용할 수 있다. 예를 들어 이완 모음 /ɪ/와 긴장 모음 /iy/의 대조를 연습하기 위해 병원이라는 상황을 설정하여 의사와 환자의 실제적인 대화문 속에 이들 음의 대조가 사용된다. 예를 들어 'pill, six, hip, fever, injection' 그리고 'needle, freezing, feel, need' 등과 같은 단어가 대화문 속에 포함되도록 한다. 한 학생이 의사의 역할을 하고 다른 한 학생은 환자의 역할을 하도록 하여 대화문을 통한 '역할놀이' 활동을 하도록 한다.

환자: Good morning, Dr. Brown.
의사: What's the matter?
환자: I don't **feel** well. I am ill. I think I have a fever. I'm freezing.
의사: Well, let me see your throat. Open your mouth wide and say, "Ahh."
환자: Ahh.
의사: It looks like you have a bad cold.
환자: What should I do?

의사: Get an **injection** on you **hip** and take these **pills** every **six** hours.
환자: Do I **really need** to get an **injection**? I'm afraid of **needles**.

12.2.6 빙고 게임

주어진 발음들을 듣고 정확하게 구별하는 연습으로서 효과적인
방법이 바로 '빙고게임(Bingo games)'이다. 특히 학습 목표를 설정
된 한 쌍의 소리를 구분하는데 효율성이 아주 높다. 예들 들어 구분
하기 위한 목표를 설정하고 빙고게임을 할 수 있다. 우선 다음에 나
온 예는 두 모음의 소리를 포함하고 있는 단어들을 모은 것이다.

/ɛ/	/æ/
Ed	sad
wreck	band
ped	gas
net	than
penned	lag
tend	shall
lend	ban
send	bag
end	dance
set	ham

위에 제시된 단어들을 임의적으로 배열하여 번호를 매기면 다음
과 같다. 영어 교사로 하여금 이들 단어를 주어진 번호 순서에 따라
서 읽도록 한다.

1. end   5. ped   9. wreck
2. dance   6. than   10. lag

3. ban		7. net		11. lend
4. lend		8. penned		12. shall

학생들에게는 가운데 부분에 위치한 'penned, dance, shall, wreck' 들 단어들을 표시하게 되면 '빙고'라고 소리치게 한다. 만일 마지막 단어를 발음하기 전에 빙고를 소리치거나 모든 단어에 대한 발음이 끝난 다음에도 빙고를 표시하지 않은 학생이 있다면 일단 /ɛ/-/æ/ 소리에 대한 소리 구분이 완전하지 못한 것으로 판단하고 해당 발음 소리에 대한 학습을 다시 시키도록 한다.

than	present	set	lend	better
ban	ham	end	test	net
penned	dance	BINGO	shall	wreck
trap	yes	ped	send	band
sad	gas	Ed	lag	bag

학생들 중 5명의 학생들을 선택하여 각자가 주어진 단어의 순서를 바꾸어 발음하게 하고 다른 두 학생들로 하여금 동일한 카드에 표시하도록 한다. 예를 들어 한 학생이 단어의 순서를 다음과 같이 바꾸어 단어들을 발음할 때 나머지 학생들이 동일하게 빙고를 외치면 발음을 직접 한 학생이 학습목표인 /ɛ/-/æ/ 소리를 정확하게 구분하여 발음하고 있다고 평가할 수 있을 것이다.

1. lend	5. wreck	9. dance
2. ped	6. than	10. lag
3. ban	7. shall	11. penned
4. lend	8. lend	12. net

12.3 초분절음 지도

이 부분에서는 주로 강세와 리듬에 대한 지도를 다루고자 한다. 강세를 학생들에게 학습시키는 경우 교사는 강세 성격에 대한 정확한 정의를 알려주어야 하는데 강세에 대한 지도 내용은 단어를 중심으로 한 단어 강세 형태와 구 이상의 단위를 중심으로 한 구 또는 문장 강세를 분류되어야 한다.

12.3.1 단어 강세

12.3.1.1 단어 강세에 대하여

영어의 단어강세는 나름대로 특색을 보여주기 때문에 이에 대한 간략한 정리 및 이해가 반드시 선행되어야만 정확한 강세 지도가 가능하다.

a. 영어 모국어 화자가 강세가 위치한 음절을 다른 음절과 구분지어 표시하는 방법
- 장단, 음량, 고저 등으로 강세의 유무를 표시할 수 있다.
- 강세가 있는 위치에 대한 다양한 표시 방법

예) captain
    CAPtain (진하게 표시)

● ·　(그림으로 표시)
cáptain　(악센트로 표시)
<u>capt</u>ain　(밑줄로 표시)

b. 영어 모국어 화자가 강세가 있는 음절과 강세가 없는 음절을 발음하는 방법
- 강세가 없는 음절의 모음을 약화시켜서 강세가 있는 부분과 구별하게 한다.

c. 영어 모국어 화자가 강세의 단계를 몇으로 구분하진 지에 대한 방법
- 강(strongly stressed), 약강(lightly stressed), 약(unstressed)으로 분류 한다.

영어 강세에 대한 인식은 두 음절 이상으로 구성된 가상 단어를 제시하고 음절에 해당하는 부분을 강하거나 약하게 발음함으로써 청자로 하여금 강약을 구분할 수 있는 상태로부터 시작할 수 있다.

12.3.1.2 단어 강세 지도 방법

실험 대상자들에게 다음 예들에서 한 쌍을 형성하고 있는 예가 강 약에 있어서 동일하게 발음되고 있는지 아닌지를 대답하게 하여, 대 상자가 강약에 대하여 확실하게 인식하고 있는지를 판단할 수 있다.

<u>실험 예들</u>
a. la LA　　　la LA
b. la LA　　　LA la
c. LA la　　　la LA
d. LA la　　　LA la
e. la LA　　　la LA

일단 강약에 대한 차이를 알게 되면 학습자들은 단어를 듣고 가장 강하게 발음되는 부분이 어디인지를 가려내야 한다. 다음 예는 각 단어의 음절수에 따라 번호를 정하고 가장 강하게 발음되는 부분의 번호에 표시를 하는 연습이다.

1-②-3	1-2-③-4	①-2-3-4
banana	presidential	elevator
pajamas	regulation	military
correction	economic	dictionary

강약에 대한 위치 확인 과정이 완성되면 학습자들은 강세유형에 따라 단어를 분류할 수 있게 된다. 일단 유형별 강세 모습이 결정되면 이후 자신이 청취하게 될 영어 단어의 발음의 강세 현상에 의거하여 해당 단어를 분류할 수 있게 된다.

● ·	· ●·	·●· ·	●·●·
adjective	example	ability	education
excellent	potential	mysterious	graduation
hospital	tomorrow	philosophy	
	tradition	community	

다음에 나오는 연습은 카드에 나오는 내용을 발음으로 듣고 정확하게 받아쓰는 것이다. 두 학생에게 비행기 번호와 이륙 및 도착시간이 적힌 카드를 주고 상대방에게 자신의 정보를 영어로 전달하게 하면서 받아 적는 연습이다. 학생들은 상대방이 전하는 내용을 발음에 의존하여 자신의 카드의 빈칸에 적어 넣는 것이다. 만일 B카드를 소지한 학생이 380편 비행기가 오전 7시 30분에 출발한다고 적는다

면, 두 학생은 확인 과정을 통하여 화자와 청자 중 어느 쪽에 잘못이 있는지를 확인할 수 있다.

Student A		
Flight 380	departure 7:13 a.m.	
413	11:43 a.m.	
618		arrival 1:50 p.m.

Student B		
Flight 380		arrival 10:30 a.m.
413		2:15 p.m.
618	departure 10:40 a.m.	

12.3.2 문장 강세

12.3.2.1 문장 강세와 리듬에 대하여

문장 강세는 두 단어 이상으로 구성된 '구 구조'에 나타나는 강세 모습을 가리키는 것으로서 경우에 따라서는 문장 강세로 명명하기도 한다. 구 이상의 구조에 대한 강세를 학습시키는 경우 교사는 다음과 같은 몇 가지 사항을 미리 인식하고 있어야 한다.

a. 영어에서 구(또는 문장) 강세는 단어 강세의 유형과 비슷한 모습을 보여주고 있다.

● ·   · ●

mother   attend
Do it.   You did?
Pay them.   It hurts.

· ● ·　　　　　　　● · ●

consider　　　　　　guarantee
I met you.　　　　　Have some cake.
We found it.　　　　Where's the beef?

b. 영어는 강세 형태에 따라서 문장을 읽는 '강세유형(stress-timed)' 언어
　로 분류한다.

c. 영어 구 이상의 구조에서 강세 유무에 따라서 단어의 유형을 둘로 분류
　할 수 있다.
　→ 내용어(content word)
　→ 기능어(function word)

내용어	기능어
명사 주동사 형용사 소유대명사 지시대명사 의문대명사 부정사(not, isn't, don't, won't 등) 부사	관사 보조동사 인칭대명사 소유형용사 지시형용사 전치사 접속사

12.3.2.2 문장 강세 지도 방법

　구 이상의 구조에 강세가 주어지는 모습을 대부분은 리듬이라고
명명한다. 강세의 유무에 따라서 나타나는 리듬은 시를 낭송하는데
서 쉽게 발견할 수 있다. 학생들에게 리듬의 형태를 이해시킬 수 있
는 가장 쉬운 방법은 영어 모국어 화자 교사가 영시를 리듬에 따라
천천히 소리 내어 읽으면서 강세가 있는 부분에 이르러서는 손뼉이
나 바닥을 두드리는 보조 수단을 이용하여 강세의 유무 차이를 학습

자로 하여금 인식하게 하는 것이다. 이 때 시 행 위에 표시되는 '/'는
강세가 있는 부분을 가리키며, '⌣'는 강세가 없는 부분을 표시한다.

<u>Mary, Mary</u>

Mary, Mary	/ ⌣ / ⌣
Quite contrary	/ ⌣ / ⌣
How does your garden grow?	/ ⌣ ⌣ / ⌣ /
With silver bells,	⌣ / ⌣ /
And cockle shells,	⌣ / ⌣ /
And pretty maids all in a row	⌣ ⌣ / ⌣ ⌣ / ⌣ /

강세와 연결하여 리듬을 학습하는데 또 다른 방법으로 특정한 리
듬 형태를 보여주는 문장을 변화시켜도 리듬이 그대로 유지되는 것
을 보여준다. 일단 리듬 유형이 결정되고 나면 기존의 단어의 모양
을 변화시킨다든지 다른 기능어들을 첨가하여도 유형에 변화가 일
어나지 않는다.

	●		●	●
	STUDENTS		BUY	BOOKS.
The	STUDENTS		BOUGHT	BOOKS.
The	STUDENTS		BOUGHT	some BOOKS.
The	STUDENTS	will	BUY	some BOOKS.
The	STUDENTS	have been	BUYING	some BOOKS.
The	STUDENTS	could have	BOUGHT	some BOOKS.

대화의 방법으로 문장 강세가 정보를 전달하는데 매우 중요한 역
할을 수행하고 있음을 잘 설명할 수 있다. 특히 화자와 청자 사이에
서로 알고자 하는 내용이나 전달해야 하는 내용을 강조하기 위하여
강세를 둠으로써 대화의 효율성을 높일 수 있다.

A: WHAT do you DO?
B: I'm a DOCTOR and I WORK in a HOSPITAL.
B: Then, WHAT do YOU do? (asking to the person C)
C: I'm a PROFESSOR and I LECTURE at the UNIVERSITY.

같은 방법으로 학생들을 선발하여 각자에게 역할을 부여한다. 학생들의 역할은 내용을 적은 카드를 제공함으로써 결정된다. 교사는 카드 내용과 관련된 질문을 학생들에게 제시하여 각 학생들이 답하는 발화 내용의 발음을 분석한다. 교사는 학생들이 답한 내용 문장들에 나타난 리듬과 강세의 유무 형태를 조사하여 문장 강세 교육의 적절한 학습 기회를 제공할 수 있다.

예) 학생들이 소지할 카드 내용

> You are Minsu and a freshman of English department at America University in Washington. You came to the school to study English Education.

> You wrote English Grammar Book for Korean students in 1990. You were 40 at that time. Your name is Subin and you are a professor of a university in Pusan.

카드 내용과 관련된 질문들
what is your name?
what did you do?
where do you live now?
how old are you?
why do you do this?

12.4 연속발화에서의 발음 지도

연속발화 연습은 영어 문장을 읽을 때 발생하는 현상으로서 단어와 단어 사이에서 자주 일어나는 발음 연결이나 동화를 가리킨다. 연속발화에서 주로 발견되는 발음 변화는 세 가지로 분류할 수 있다.

- 자음과 모음의 연결
- 모음과 모음의 연결
- 자음 동화

위에 제시된 연속발화를 지도하는 방법으로 가장 빠른 방법으로는 학생들에게 연속발화 현상의 예가 제시된 교육용 자료를 제시하고 해당 자료와 유사한 예를 스스로 찾아내어 제시하도록 하는 것이다.

Student Worksheet
자음과 모음의 연결

동사 어말에 자음이 두 개
hold it → hol/d ⌣ it
find out → fin/d ⌣ out

동사 어말에 자음이 한 개
Is ⌣ it?
Keep ⌣ up.

연습 1: 유사 예를 찾으시오.

연습 2: 자음 수에 따른 두 종류의 동사를 찾아서 완성하여 읽으시오.

_____ it in.   _____ at me.
_____ up   _____ out

대화 내용을 제시하고 연속발화의 세 종류의 현상들이 어느 위치에서 발견되는지를 찾아 표시하고 발음하게 함으로써 연속발화에 대한 인식을 손쉽게 할 수 있다.

A: Hey, where is Ann going in such a hurry?
B: I haven't any idea.
A: I hope it's not an emergency.
B: I hear that her uncle is in the hospital.

연속발화의 듣기 지도는 두 학생에게 그림이 있는 카드를 제시하고, 그 안에 주어진 그림을 영어로 발음하도록 하여 상대방으로 하여금 해당 내용을 카드에 빈칸에 그림으로 표시하도록 한다. 이 과정이 모두 끝난 후에 두 학생의 카드 그림이 일치하는 지를 확인하여 각자의 듣기 능력을 대조할 수 있다.

Student A

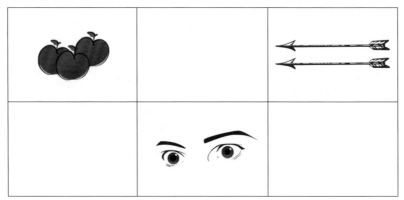

Student B

자기 교정과 자기 감시 전략 개발

발음 지도 교사들이 직면하는 가장 심각한 문제 중의 하나는 교실에서 표준 발음에 가깝게 배운 분절음, 강세 패턴, 억양이 교실 밖을 나가자마자 예전의 상태로 돌아가는 것이다. 이러한 문제는 학습자 개인의 동기의 정도, 정확성에 대한 민감성, 나이, 교육 등과 관련되어 있는데 이것은 교사의 통제밖에 있는 것이다. 그러나 이러한 문제는 교사가 자기 교정(self-correction) 기술과 자기 감시(self-monitoring) 전략을 개발하는데 관심을 가짐으로써 해결될 수 있다.

13.1 자기 교정

학습자는 정확한 발음 지도와 적절한 피드백을 통해서 자기 교정을 할 수 있는 능력을 개발한다. 따라서 발음 지도와 피드백은 학습자가 점차 스스로 홀로 서기를 할 수 있도록 해주어야 한다. 개별음, 강세 및 억양을 가르칠 때 교사는 가능한 감각기능을 많이 사용하도록 해야 한다. 예를 들어 개별음을 지도할 때 조음과 관련해서 입의 부분을 느끼고 볼 수 있도록 거울이나 조음기관을 보여주는 그림을 이용한다. Firth(1994)는 새로운 음을 지도할 때 학습자가 적절한 조음을 기억 하는데 사용할 수 있는 고정 못(peg)과 유사한 장치가 주어져야 한다고 주장한다. 이러한 수단은 아래에서 알 수 있듯이 단순하면서도 신뢰할 수 있는 것이어야 한다.

(1) 개별음에 대해 구체적으로 문제의 원인을 언급해라. 예를 들어 학습자가 /l/과 /r/을 혼동한다면 이 때 고정 못은 /l/=touch (치아 경구개 위치(tooth ridge)), /r/=don't touch이 해당된다.
(2) 새로운 댄스의 스텝을 밟아 나가듯이 학습자가 음을 단계적으로 학습하도록 해준다. 예를 들어 /f/는 윗니를 아래 입술에 대고 입술은 약간 긴장시켜 공기를 밖으로 내보낸다. 이렇게 함으로써 학습자는 음을 발화하는데 단계적으로 했는지 되짚어 보고 모든 단계가 올바로 잘 진행되었는지 확인하도록 해준다.
(3) 새로운 음을 가르친 후에는 학습자에게 새로 학습한 음과 예전에 자신이 알고 있던 음과 비교하도록 한다. 예를 들어 학습자가 we라는 단어에서 /w/대신에 /v/로 잘못 발음을 해왔다면 'we'와 've'를 번갈아 가면서 발음하면서 그 차이를 느끼도록 한다.
(4) /tʃ/와 /ʃ/처럼 발음하기 어려운 자음에 대해서는 학습자가 /tʃ/를 이용해서 재치기할 때와 같은 'ah-choo' 소리를 내도록 하고, /ʃ/를 이용해서는 아기에게 조용히 하라는 소리로 'shhhhh'를 내도록 한다.
(5) 단어들을 암호화 시켜 모음과 자음을 기억하도록 한다. 예를 들어 색깔 있는 단어들은 모음과 연관시키며 지형적 위치는 자음과 연관시킨다.
(6) 철자의 모양을 조음과 연관시킨다. 예를 들어 /w/는 그 모양에서 두 개의 동그란 모양으로 두 입술을 사용하고, /v/는 'v' 모양처

럼 하나의 입술을 이용하여 치아에 닿도록 한다.

학습자는 교정 기술을 기억할 수 있는 자시만의 현명한 방법들을 발견할 수 있다. 이러한 것을 격려하여 동료들과 같이 나눌 수 있도록 해준다.

13.2 자기 감시

자기 감시 능력에는 여러 가지 측면들이 있다.

첫째, 학습자는 새로운 형태의 발음이 목표어와 얼마나 비슷한지 듣고 발음하도록 해야 한다. 비판적으로 들을 수 있는 능력이 성공적인 자기 감시에 선행되어 야 할 조건이다. 학습자는 처음에는 독립된 형태로 발음 연습을 하고, 그런 후에 이를 문맥 속에서 사용하도록 한다. 자기 감시에는 녹음된 테이프를 듣고 올바른 형태와 올바르지 못한 형태를 확인하는 것이 포함되어 있다.

둘째, 자기 감시는 학습자의 전반적인 언어 능숙도에 따라 다양할 수 있다. 기본적인 학습자에게는 억양, 리듬과 같은 일반적인 발음을 감시하도록 한다. 이것은 학습자의 이해에 상당한 효과를 줄 수 있다. 그리고 보다 능숙한 학습자에게는 이들이 초분절음과 관련된 것을 어느 정도 학습했다고 보고 구체적인 분절음을 감시하도록 교사는 이들을 격려한다.

셋째, 자기 감시는 오랜 기간에 걸쳐 동일한 발음의 오류를 해온 학습자들에게는 매우 어렵다. 발음과 관련해서 각 개인이 정확한 발음이 중요하고, 정확한 형태의 발음을 하는 것이 부분적으로는 학습자의 책임이라고 생각하는 것이 중요하다.

교사는 전형적으로 부정확한 발음이나 너무 조용조용 말하거나 혹은 빨리 말하거나 아니면 정확한 발음에 관심을 두지 않는 좋지 언어 습관을 과장해서 말할 수 있다. 좋은 습관과 나쁜 습관을 대조하면서 교사는 듣는 사람이 언어 습관이 안 좋은 사람과 대화를 하면서 많은 어려움을 겪고 있다는 것을 학습자들에게 알게 해준다. 또한 동료의 피드백을 통하여 학습자가 어떤 면의 연습이 더 필요한지 알게 해줄 수도 있다.

13.2.1 자기 감시 개발을 위한 기술

학습자는 다음과 같은 기술을 이용하여 자기 감시 능력을 키울 수 있다.

(1) 학습자에게 peg를 사용해서 자신의 발음이 정확한지 결정하도록 한다. 예를 들어 /w/를 발음할 때 학습자는 'Have I used both lips? Does it sound like a /v/ or a /w/?'
(2) 어떤 한 형태의 발음을 연습하고 나서 교과서를 읽으면서 자신의 말을 녹음한다. 녹음하기 전에 배우가 마치 대본으로 연습할 때와 마찬가지로 숨 쉬는 부분, 강세단어와 비강세 단어, 억양 패턴, 연결어 등을 교과서에 표시를 하도록 한다. 녹음된 것을 발음에 초점을 두면서 학습자는 여러 번 듣는다. 그 다음에 교사는 녹음된 것을 듣고 정확한 평가를 해주면서 학습자의 감시를 확인한다.
(3) 의사소통 활동을 하면서 학습자가 주의해야 할 발음 영역을 선

택하도록 한다. 학습자가 자신의 발음을 판단하고 또한 상대방이나 학급 동료에게 자신의 발음이 정확한지 물어본다. 그리고 자신의 판단과 비교를 시도해본다.

(4) 교실 밖에서 자기 감시를 하기 위해서 학습자는 발음 어느 부분에 초점을 맞추어야 하는지 알아야 한다. 학습자는 우선적으로 발음에 신경 쓸 부분을 정하고 대화를 할 때마다 그 부분에 신경을 쓰면서 한 번에 한 문제만 해결하도록 한다. 동료들에게 구체적인 문제를 감시해달라고 부탁할 수도 있다.

자기 교정과 자기 감시 능력의 개발은 처음부터 발음 지도에 포함되어야 한다. 교사가 발음학습 초기에는 중요한 역할을 하지만, 궁극적으로 발음을 향상시키는데 책임이 있는 사람은 학습자 개인이다. 학습자가 정확한 발음을 통제할 수 있는 것으로 생각한다면 교실 밖을 벗어나면 이전의 발음 습관으로 돌아가는 현상 때문에 발음 지도 교사를 힘들게 했던 일은 상당히 줄어들 것이다. 자기 교정과 자기 감시는 의존성을 최소화하고 자기 신뢰성을 극대화하여 학습자가 지속적으로 교실 밖에서 발음 향상을 지속할 수 있도록 해준다.

최근 발음 지도의 방향

Gilbert(1994)는 교사들에게 전통적인 방법을 뛰어 넘어 발음 지도를 할 수 있는 세 가지 지도 원리를 제시하고 있다.

첫째, 전통적으로 사용되어 온 기계적인 연습이외의 다른 방법의 사용,
둘째, 개별적인 음보다는 발음의 음악적인 면의 강조,
셋째, 실제적인 언어 유형을 가르치고 학습자들에게 담화가 의미하
는 것을 효과적으로 추측할 수 있는 연습의 시행

최근 발음 지도의 방향은 드라마, 심리학, 언어치료와 같이 종전과는 다른 분야에서 그 방법을 찾고 있다. 이러한 방법들은 그 동안 전통적으로 이어져 온 것들과 많이 달라서 처음에는 모든 교사들을 만족시킬 수는 없다. 여기서는 보다 최근 발음 지도의 방향으로 '유창성 신장 활동', '다양한 감각 방식 활용하기', '실제적 자료 사용', '기타 기술의 활용' 등에서 살펴보기로 하자.

14.1 유창성 신장 활동

영어학습자가 말을 더듬거나, 문장 중간의 적절하지 못한 곳에서 끊어 읽기를 하는 것은 의사소통에 지장을 초래할 수 있다. 의사소통에서 유창성 신장을 위해 Wong(1987a)은 효과적으로 듣기 연습하기와 유창성 워크숍 기술을 제안하고 있으며, Celce-Murcia 등 (2002: 293-295)은 발음의 유창성 연습을 위해 '개인 소개 콜라주 (Personal Introduction Collage)'를 제시하고 있다.

14.1.1 효과적으로 듣기 연습하기

한 명의 학생을 교실 앞으로 나오게 해서 학생이 선택한 주제에 대해 3분 동안 교사와 대화를 한다. 이 시간에 다른 학생들은 관찰자가 되어 교사의 행동을 적는다. 3분이 지난 뒤에 학생들은 교사가 사용한 전략과 이러한 전략들이 화자에게 얼마나 도움이 되었는지 토론한다. 이때 학생들을 3명씩 그룹으로 나누고 한 학생은 청자의 역할, 다른 학생은 관찰자의 역할, 그리고 나머지 한 학생은 화자의 역할을 하도록 한다. 화자를 맡은 학생들은 교사가 제시하는 주제 중에서 하나를 고르거나 자기 자신이 스스로 주제를 선택하여 대화를 시작한다. 청자를 맡은 학생들은 듣기 기술을 이용하여 듣고 관찰자를 맡은 학생들은 청자의 듣기 기술이 화자에게 어떻게 영향을 미치는지 적는다. 이러한 활동에는 관찰자가 나머지 두 학생에게 자신이 관찰한 것을 보고하는 2분을 포함하여 5분의 시간이 주어진다. 서로 돌아가면서 그 역할을 한 번씩 해본다.

14.1.2 유창성 워크숍

학생들이 각자 파트너를 정하고 한 사람은 안쪽 원을 그리고 다른 한 사람은 바깥쪽 원을 그리도록 세운다. 그런 다음 안 쪽 원에 있는 학생들이 A(화자)를 맡고 바깥쪽 원에 있는 학생들이 B(청자)의 역할을 하도록 하고 역할이 끝나면 이번에는 반대로 그 역할을 바꾼다. 이를 번갈아 가면서 하도록 한다. 교사는 화자를 맡은 학생들에게 토론 주제를 주고 청자를 맡은 학생들에게는 듣기 기술을 사용하도록 한다. 처음에는 학생들에게 4분 동안 토론 시간을 준다. 이번에는 화자를 맡은 학생들이 시계방향으로 돌아가면서 새로운 파트너와 2분 동안 주제 토론을 한다. 그 다음에는 1분의 시간을 주고 토론하도록 한다. 이렇게 세 차례의 토론 시간을 주고 난 뒤 교사는 화자와 청자의 역할을 바꿔서 동일한 방법으로 토론을 하도록 한다. 이후에 교사는 학생들에게 3차례에 걸쳐 주제 토론을 하면서 그들의 유창성 정도가 달라졌는지 물어본다.

14.1.3 개인 소개 콜라주

Celce-Murcia 등(2002: 293-295)은 발음의 유창성 연습을 위해 개인 소개 콜라주를 제시하고 있다. 콜라주는 신문이나 광고의 스크랩을 발라 맞춘 것으로서 학생들이 직접 만들도록 한다. 이는 시각적인 자료를 사용하여 유창성 연습을 하는데 효과적이다. 처음에는 교사가 먼저 학생들에게 아래와 같은 콜라주를 이용하여 학생들에게 자신을 소개한다. 이 때 교사는 적절한 그림을 지적하면서 자신을 소개한다.

I'm a native Californian. In fact, my father was born in Los Angeles, too, and both he and I graduated from UCLA, which is where I currently work teaching English as a Second Language. Here I am at the age of one. You can see that I was a messy eater. Even today I'm not the neatest person. You should see my desk! It's always covered with piles of papers. I like reading and writing, and I've even written several textbooks about teaching English. In my free time, you won't find me at home doing the laundry. I'm usually outside, lying in the sun at the beach, hiking in the mountains, or skiing (that's me at age three on the ski slopes). Being active is my stress management technique!

교사는 위와 같이 자신의 소개를 마친 후에 학생들에게 자신의 콜라주를 준비하도록 하고 유창하고 자유롭게 말할 수 있을 때까지 연습시킨다.

정확성과 유창성의 상호관련성을 보다 발전시키기 위해서는 고립된 형태의 연습이 아니라 기능과 의미가 있는 발음 연습이 필요하다. 위에서 언급한 유창성 신장 활동은 발음 수업 처음에 이루어지는 것이 효과적이다. 그러나 유창성 신장을 언제 어떻게 교안에 넣어서 가르치느냐 하는 것은 교사, 학습자의 유형, 교실의 목표에 따라 달라질 수 있다.

14.2 다양한 감각 방식 활용하기

최근에는 시각, 청각, 몸짓, 표정 등의 다양한 감각 방식을 활용하는 발음 지도가 활용되고 있다. 이러한 방법은 학습자가 가지고 있는 화석화된 발음을 변화시키는데 유용하다.

14.2.1 시청각 강화 방법

발음 지도에 있어서 차트, 도표, OHP 등과 같은 시각 활용은 전통적인 발음 지도와 비전통적인 발음 지도에서 공통적으로 활용되어 오고 있다. 또 다른 방식은 "듣고 따라하기"와 같이 전통적으로 사용되어오고 있는 청각 강화 방식인데 이는 많은 비판에도 불구하고 가장 기본적인 발음 지도 방법으로서 최근까지 사용되어 오고 있다.

14.2.2 촉감 강화 방법

발음 지도에 있어서 '촉감 강화(tactile reinforcement)' 방법 또한 자주 사용되고 있다. 예를 들어 유성음을 발음할 때 학생들에게 손가락을 성대부근에 놓게 하여 성대가 진동하는 것을 느끼게 하거나, pin에서의 /p/처럼 유기음(aspiration)을 발음할 때 손가락을 입 앞에 놓게 하여 기식음이 나오는 것을 느끼도록 하는 방법이다. 교사는 발음 지도를 할 때 시각, 청각, 촉각 등의 감각 수단들을 활용하는 수업을 할 때는 성냥, 고무 밴드, 거울, 빨대 등을 준비해야 한다.

14.2.3 몸동작 강화 방법

몸동작 강화(kinesthetic reinforcement) 방법은 전통적인 발음 지도 방법에서는 소홀히 된 부분이다. 이 방법은 특히 영어의 리듬이나 강세를 익히는데 활용되고 있다. 교사가 큰 소리로 읽으면 학생들은 박자나 리듬에 맞춰 손으로 책상을 두드리거나 박수를 친다. 다음은 Prator(1951: 23)에 나오는 내용인데 박자는 (*)로 나타내었다. 다음을 읽으면서 별표가 표시된 부분은 크게 박수를 쳐보자.

*Stresses in *English *tend to oc*cur at
*regular *intervals of *time. (*) It is
*perfectly *possible to *tap on the *stresses
in *time with a *metronome. (*) The *rhythm
can *even be *said to de*termine the *length of
the *pause between *phrases. (*) An *extra
*tap can be *put in the *silence, (*) as
*shown by the *marks with *in the pa*rentheses.

14.3 실제적 자료 사용

발음 지도에 광고 자료를 활용하는 것이다. 광고에 실린 내용들은
분절음과 초분절음의 특징을 연습하는데 아주 적합한 자료가 된다.
이외에도 주변의 일화, 만화, 유머 등을 활용할 수 있다. 예를 들어
다음과 같은 광고지를 콜라주하여 해당되는 단어의 발음을 연습한다.

14.4 심리학 기술을 이용한 발음 지도

많은 교사들이 심리학에서 사용되고 있는 '심리적 안정 기술 (relaxation techniques)'이 수업의 워밍업 단계에서 매우 유용하다는 것을 발견하였다. 심리적 안정 기술은 호흡운동과 관련된 것으로서 학생들은 서있는 자세에서 두 손을 횡격막(diaphrams)에 대고 교사가 지시하는 대로 숨을 안으로 그리고 밖으로 깊이 쉰다. 이러한 운동을 '교사 지시에 의한 심상활동(guided imagery activities)'이라고 한다. 심상활동을 하는 동안에 전등을 끄고 창문을 커튼이나 블라인드로 가린다. 재즈나 가벼운 클래식 음악을 배경음악으로 틀어줌으로써 학생들을 보다 심리적으로 안정시킨다. 다음의 심상활동의 구체적인 예를 살펴보자.

의자에 엉덩이를 바싹대고 앉아서 눈을 감고 편안히 있는다. 숨을 깊이 들이마시고 1-3까지 숫자를 마음속으로 세는 동안 숨을 잠깐 멈춘다. 그리고 천천히 밖으로 숨을 내뱉는다. 점점 숨을 깊게 들이마신다. 이를 반복하되 다음에는 숫자를 1-5까지 세고, 그 다음에는 1-8까지 숫자를 센다. 다음 자신이 집에 있는 모습을 마음속으로 그린다. 토요일 아침이다. 충분한 잠을 자고 있다. 오늘은 특별히 할 일이 없다. 주변은 조용하고 평안한 분위기다. 부엌으로 가서 맛있는 커피 한잔을 준비한다. 창밖에는 햇살이 다사로운 겨울 낮이다. 미풍에 나무 가지가 흔들리는 것을 본다. 현관으로 가서 신문을 집어 든다. 밖에는 춥지만 안에는 따뜻하다. 오랫동안 듣지 않았던 자신이 가장 좋아하는 음악을 골라서 듣는다. 벽난로에 불을 붙이고 안락의자에 앉는다. 신문의 첫 페이지에는 자신이 좋아하는 기사가 실려 있고 이를 읽는다. 때때로 커피를 한 모금씩 마신다. 벽난로에서 나무가 불에 타며 나는 소리가 평화로움과 즐거움을 더해준다. 평안한 분위기 속에 자신이 있다. 특별히 이 시간만큼은 세상에 아무런 근심걱정이 없다.

이 같은 심상활동은 수업 초기뿐만 아니라 수업 내내 학생들이 긴

장을 풀고 평안한 상태에서 수업을 할 수 있게 해준다. 이러한 심리적 상태는 발음 지도에 매우 중요하다.

14.5 드라마 기법을 이용한 발음 지도

일반적으로 언어교실에서 사용하고 있는 드라마 기법이 발음 지도에도 사용되고 있다. 드라마 기법을 통한 발음 지도는 영어학습자들의 유창성과 정확성의 한계를 극복할 수 있도록 도와주며 특히 영어의 억양을 지도하는데 많은 도움을 준다. 드라마 기법 중의 하나인 '목소리 조절 기술(voice modulation techniques)'은 영어학습자의 음의 높낮이, 소리의 크기 및 발화 속도 등을 통제할 수 있도록 해준다.

(1) 자음-모음 조음 연습
 la - lee - lay - low - lu (/l/과 /r/의 차이 연습)
 ra - ree - ray - row - ru

 pit - tip - pit - tip - pit - tip (유기음 [p^h]와 비개방음 [p^o]의 차이 연습)
 pin - nip - pin - nip - pin - nip
 pill - lip - pill - lip - pill - lip

(2) 소리 크기 조절 연습

 noooO

 hellooOO

 whoooaaa

(3) 전달 속도 연습

<천천히 그리고 평안한 상태에서 전달하기>
I am not in a hurry. I can take it easy and relax. Everything around me is calm and time seems to be standing still.

<빠르게 전달하기>
I can't stand it. Life is so hectic. Everywhere, people are rushing around.
Traffic is terrible. There isn't time enough in the day to do all the things that have to get done.

Archibald(1987)가 제시하듯이 영어학습자들은 위와 같은 내용을 집에서 연습하고 나중에 학급 친구들 앞에서 이를 연기하듯이 실행한다. 마지막으로 한국 영어학습자들처럼 영어를 발화할 때 영어의 높낮이를 잘 지키지 못하는 경우에는 다음과 같이 고립된 단어나 문장을 의식적으로 올리거나 혹은 내리거나 하여 연습을 하도록 한다.

They asked me to come.   (관심 없듯이 비교적 낮은 음으로 말한다)
They asked me to come.   (관심 있듯이 약간 높은 음으로 말한다)
They asked me to come.   (흥분한 듯이 훨씬 높은 음으로 말한다)
They asked me to come.   (황홀한 듯이 아주 높은 음으로 말한다)

교사는 위와 같은 고립된 문장을 연습하고 난 뒤 소리의 높낮이, 소리의 크기, 전달 속도가 다양한 텍스트를 통하여 영어학습자들이 연습하도록 한다.

14.6 멀티미디어를 통한 영어발음 지도

과거의 발음교육이 주로 교사 중심의 지도 방식을 따른 것이라고 한다면 현재의 발음 지도는 상당한 발전 과정을 보여준 전자 장비를 이용하고 있다. 이런 수업 방식을 가리켜 멀티미디어 교육 방식이라고 한다. 교사 위주의 방식보다 멀티미디어 방식이 소지하고 있는 학습상의 다양한 장점들이 있다.

- 광범위 하게 모국어 화자 발음 샘플을 접할 수 있다.
- 학습자가 실질 상황에서 겪을 수 있는 실수에 대한 강박관념을 현저하게 줄일 수 있다.
- 학습 진전 상황에 관하여 스스로 확인할 수 있다.
- 교사의 지도 없이도 어느 때라도 학습이 가능하다.
- 전자 장비에 게임을 첨가하여 배우는 환경을 즐겁게 할 수 있다

14.6.1 오디오

오디오는 tape에 녹음된 내용을 이용하는 방식으로서 멀티미디어 교육의 최초 방법이기도 하며 현재에도 널리 사용되고 있다. 특히 장비의 소형화로 인하여 학습자는 해당 자료를 어디든지 운반하는 것이 가능하게 되었고 녹음 용량을 확정시킴으로서 다양한 교육 자료를 항상 접할 수 있게 되었다.

오디오의 방식의 장점
- 모국어 화자의 자료를 항상 접할 수 있다.
- 교재 내용을 반복 학습할 수 있고, 자신의 발음은 녹음하여 확인할 수 있다.

현재 널리 시행되고 있는 영어능력 평가시험(TOEIC, TOEFL)에
서는 여전히 오디오 방식을 이용하여 학생들의 듣기 능력을 평가하
고 있다. 이것은 비록 오디오 방식이 오래 전에 개발되었지만, 영어
학습 방법으로써 아직도 유용도가 매우 높음을 보여준다.

14.6.2 비디오

비디오 방식이 오디오와 다른 점이 있다면 바로 시각적인 측면을
첨가하여 교육 효과를 획기적으로 높일 수 있다는 사실이다. 비디오
방식도 스스로 자가 학습을 할 수 있도록 허용하기 때문에 오디오와
그 면에서는 차이가 없다. 그러나 시각적 자료는 바로 멀티미디어
교육의 토대를 마련해 주었다. 비디오 방식에서 가장 많이 사용되는
기구로는 비디오카메라를 들 수 있다. 이 기구가 할 수 있는 역할은
크게 둘로 분류될 수 있다.

a. 발음 교육의 효율성을 높이기 위하여 비디오카메라로 다음과 내용을
기록하고, 저장된 내용을 확인하는 과정에서 학습상의 목표에 접근할
수 있도록 한다.
학생들의 발표 (speeches)
학생들의 짧은 상황 대화 (skits)
학생들의 토의 과정 (discussions)
학생들의 논쟁 (debates)
학생들의 가상 체험 (simulations)
학생들의 역할 분담 (role plays)

b. 발화자의 얼굴 또는 입 주위를 가까이 확대하여 녹화하여 학생이 발음
을 수행할 때 소리를 조음하는 과정이 어떻게 발생하는 지를 볼 수
있게 한다. 예를 들어 /bite/-/fight/를 발음할 때 초두자음 /b/-/f/가 입술

에서 정확하게 발음되는 지를 기록 화면을 통하여 확인함으로써 자신의 발음 모습을 교정하는 것이 가능해졌다.

14.6.3 컴퓨터

컴퓨터의 등장은 발음교육에도 상당한 변화를 일으켰다. 특히 최근에 개발된 다양한 소프트웨어는 사용자들로 하여금 이전에는 상상할 수 없었던 부분까지 학습에 포함시킬 수 있도록 해주었다. 예를 들면 자신의 발음 녹음 내용을 컴퓨터로 분석하여 모국어 화자의 목소리와 얼마나 일치하는 지를 도표로 상세하게 제시함으로써 계량화된 방식으로 발음 교육에 임하는 것이 가능해졌다. 또한 Internet을 이용한 상호 교류는 외국에 가지 않아도 얼마든지 외국인과 화상으로 대화를 나누면서 학습의 효과를 극대화 할 수 있게 해주었으며, 마치 외국인과 마주 앉아 대화를 나누는 듯한 환경을 조성해줌으로써 학습자들이 마치 외국에 여행하면서 어학을 학습하는 듯한 경험을 가질 수 있도록 해주었다. 이 방법을 볼 때 장점 및 문제점은 다음처럼 볼 수가 있다.

컴퓨터 교육의 장점
무엇보다도 다양한 정보를 첨가하여 마치 게임을 즐기듯이 학습을 수행할 수 있는 것이 가능하다는 사실이다. 최근 Internet 세대에 속하는 학습자들은 즐거움이 배제된 학습 방식에는 거부감을 느끼고 있기 때문에 컴퓨터는 미래의 학습자들의 교육 자료로서 매우 중요한 위치를 점하고 있다고 볼 수 있다.

컴퓨터를 이용한 학습에 문제
아직도 소프트웨어의 다양성에 한계가 있다는 점이다. 프로그램의 개발에 따른 상당한 비용과 수요자들의 한정으로 인하여 이 분야에서의 교육은 앞으로서 많은 시간과 재원을 요구할 것으로 생각한다.

14.6.4 음성 스팩트로그래피 기구

음성 스펙트로그래피(spectrography)는 학습자들이 직접 사용하기에는 한계가 있다. 과거 언어학자들이 인간의 소리를 분석하기 위하여 주로 사용하였던 방법이었지만, 오늘 날 학습자들에게 억양, 리듬, 강세, 성조와 같은 초분절적 특질들을 인지시키는 시각적인 효과를 극대화할 수 있다는 점에서 널리 사용되기 시작하였다. 특히 자신의 목소리를 분석한 자료를 모국어 화자의 자료와 비교할 수 있도록 해줄 수 있다. 이것은 학습자들이 모국어 화자의 소리 특성을 빨리 인식하는데 매우 효과적인 방법이라고 볼 수 있다. 현재 많이 사용되고 있는 기자재는 Visipich, CECIL들인데 이들은 모두 발화나 음성 분석기로서 컴퓨터 소프트웨어로 개발되어 있다.

미국 영어의 방언과 발음

영어는 현재 전 세계적으로 약 13억 이상의 인구가 사용하고 있으며 분포되어 있는 형태의 대표적 단위로서 영국 영어, 미국 영어 등이 있다. 영국 영어 사용 국가는 영국, 아일랜드, 오스트레일리아, 뉴질랜드, 인도, 파키스탄, 홍콩, 싱가포르, 케냐, 남아공화국 등이며 영국 영어를 배우는 나라는 포르투갈, 프랑스, 독일, 벨기에, 스페인, 네덜란드, 덴마크, 이태리, 오스트리아, 스위스, 체코, 헝가리, 노르웨이, 스웨덴, 핀란드, 그리스 등 유럽 지역과 아프리카지역, 일본, 중국(홍콩 포함), 말레이시아, 인도네시아, 사우디 등을 생각할 수 있다. 미국 영어 사용 국가는 미국, 캐나다 등이며, 미국식으로 영어를 배우는 나라는 한국, 일본, 중국, 필리핀, 남미 국가 중 쿠바, 멕시코 등이다. 여기서 아시아 및 남미 지역의 국가들 중 일부가 영국 영어와 미국 영어 방식을 혼용하여 받아들이는 양상을 보이고 있는 현상은 역사적으로 남미에서 영국 방식을 따랐던 포르투갈, 스페인 영향력을 고려해볼 수 있다.

영어의 발달사에서 시작점을 바로 5세기경 영국이었다. 역사적으로 영어 사용이 한 지역에 국한되어 있었지만, 현재 글로벌언어로서 위상을 발휘하고 있다. 인구로 볼 때 영어는 약 4억 수준의 모국어 화자가 있고 제2언어로서 약 3억에 가까운 사람들이 사용하고 있으며 외국어로서 10억까지 추산되고 있다(Crystal, 1977). 영어는 수많은 국제기관에서 공식 언어로 채택되고 있고 통용 언어로서 역할을 담당하고 있다. 예들 들어 세계 여러 지역에서 기획된 학술세미나들, 국제연합 기관들, 국제경제 단체들 등에서도 중요한 언어로 사용되고 있다.

현재 우리나라에서는 미국 영어와 영국 영어가 섞여 사용되고 있지만 보다 대중화되고 많이 학습되어지는 영어는 미국 영어이다. 미국 영어는 1607년 Virginia의 Jamestown에 도착한 영국인 이주자들로부터 시작된 이후 많은 변천을 거쳐서 오늘에 이르렀고 미국 영어는 지역에 따라 방언 형태를 보여주고 있다. 초기 방언학자들은 방언 지역의 구분을 해당 지역의 어휘에 따라 구분하였는데 오늘날 대부분의 학자들은 발음에 보다 역점을 두고 지역을 구분하는 모습을 보이고 있다.

15.1 최초의 미국 영어

1607년에 최초의 영국 이주자들이 미국 Virginia의 Jamestown에 도착하였을 때 그들의 영국 영어는 오늘날의 영국 영어와는 아주 달랐다. 그 당시 미국 영어의 존재 자체를 논할 수도 없는 상황이었을 것이다. 이들 이주민들이 사용한 17세기의 영국 영어는 셰익스피어와 엘리자베스 시대의 언어로서 초기 현대 영어(Early Modern English)라고 불린다. 이 시기의 영어는 현대 영어와 다르고 더구나 1100년에서 1500년까지 사용되어온 Chaucer시대의 중세 영어와도 다르다. 영국에서 450년경 영어가 시작된 이후 영국에는 서로 다른 방언을 사용하는 사람들 사이에 접촉이 빈번하지 않음으로 해서 내부적으로 수많은 방언이 생겨났으며 이러한 현상은 1700년대 중반에 표준 영어가 생기기까지 지속되었다. 영국 영어의 다양한 방언의 차이는 미국 영어의 방언 발달에 상당한 영향을 미쳤다. 그 이유는 영국에서 각기 다른 방언을 사용하는 사람들이 미국으로 건너와 미국 지역에 각기 다른 방언을 형성하였기 때문이다. 따라서 오늘날의 미국 영어에 나타난 방언들의 차이는 17-8세기 영국 영어에 분포되었던 방언들에 관련되어 있을 것이다.

1600년대 초에 영국에서 미국의 Jamestown으로 이주해온 사람들의 영어는 표준 영국 영어보다는 미국 영어와 많이 닮았다. 그 이유는 현재의 영국 영어가 수많은 변화를 겪어왔지만 이러한 변화가 미국까지는 영향을 미치지 않았기 때문이다. 예를 들어 정통 영국 영어를 사용하는 셰익스피어 배우들은 cart와 work를 발음할 때 r을 발음하지 않고 각각 caht와 wohk로 발음하지만, 셰익스피어 당시의 사람들은 오늘날 미국 사람들이 r을 발음하는 것처럼 r을 발음하였다. 마찬가지로 초기 이주자들은 path, dance, can't의 모음 철자 a를 오늘날의 미국 사람들처럼 [æ]로 발음하였지만 표준 영국 영어는 이러한 경우에 [a]로 발음해야 한다.

Jamestown지역인 Tidewater Virginia에 정착한 초기 이주자들의 대부분은 영국의 남동부출신이며 이는 영국 문화의 중심인 런던을 포함하고 있다. 따라서 이들은 언어는 영국의 북부나 남서부와 같은 외곽지역의 지방에 속했던 방언보다는 표준어인 런던방언과 아주 밀접하다. Tidewater Virginia의 표준어인 런던 방언과의 관련성은 cart와 work에서 r이 발음에서 생략되는 현상을 통하여 가늠할 수 있다. 1600년대에는 r을 발음하였지만, 영국의 남동부에서는 r을 점차적으로 발음하지 않았고, 이것이 표준 영국 영어의 특징 중의 하나가 되었다. Tidewater Virginia의 이주자들은 농업을 바탕으로 사회를 발전시켰으며, r을 발음하지 않는 영국의 남동부지역 출신인 이 지역의 귀족들은 런던과 그 지역의 표준어를 사용하는 사람들과 밀접한 유대관계를 가짐으로 해서 Virginia 아래지역에서는 r 발음이 사라지게 되었다. 이러한 이유로 Virginia 아래지역은 오늘날 대부분의 미국 영어에서 r을 발음하는 것과 대조를 이루고 있다. 그러나 Virginia의 위쪽지역에 정착한 대부분의 영국 사람들은 영국에서 r을 발음하는 토속적인 방언지역에서 온 사람들로서 이들은 미국에 이주해 온 이후에도 계속해서 r을 발음하였고, 특히 r을 발음하는 Ulster(아일랜드 북쪽에 있는 지역 명칭) 지역출신의 Scots-Irish인들은 Virginia지역과 미국 영어에 상당한 영향을 끼쳤다. 이들은 표준 영어를 사용하는 런던과의 접촉이 거의 없었는데 이들 대부분이 산악지대에서 대형농장보다는 소규모의 농사를 지었고 따라서 그들은 대형농장주보다 부유하지 않았다. 이러한 경제적인 상황으로 인하여 이들은 런던의 교육을 받거나 여행을 쉽게 할 수 없었을 것이다.

1620년에 영국의 남동부방언을 사용하는 사람들이 뉴잉글랜드 동부지역에 정착하기 시작하였는데 이들 또한 r을 발음하지 않음으로 해서 뉴잉글랜드 동부는 현재까지 r을 발음하지 않는 방언지역이 되었다. 이는 뉴잉글랜드 서부와 뉴욕 주 근방에서 r을 발음하는 지역과 대조를 이루었다. 흥미롭게도 당시 뉴욕시는 r을 발음하지 않는 지역이었으나 오늘날에는 뉴욕시를 포함하여 뉴잉글랜드 동부, Tidewater Virginia지역에서도 r을 발음하는 경향으로 변화되어 가고 있다.

특히 미국 영어에서 r을 발음하는데 지대한 영향을 미친 사람들은 Scots-Irish인들이었다. 이들은 Scots의 후손들로서 영국의 박해를 피해 17세기 초에 아일랜드의 북쪽에 있는 Ulster로 이주해온 사람들이다. 당시 이들의 영어는 표준어인 런던 방언과 아주 달랐다. 이들은 스코틀랜드나 영국과 거의 접촉을 하지 않음으로 해서 자신들의 독특한 방언이 유지되었고 이들이 1700년대 초에 미국으로 이주해왔을 때 Scots English를 그대로 가지고 왔다. 이들 언어의 특징 중의 하나가 r을 발음하는 것이었는데 이러한 부분이 미국 영어에 상당한 영향을 끼쳤다. 특히 1776년에 약 250,000여 명의 Scots-Irish 인들이 미국으로 대거 이주해 왔고, 이들은 초기 정착지인 펜실베이니아 주로부터 대서양 중부에 있는 주들과 미국 남부의 고원지대에 정착하게 되었다. 이들은 이주는 1700년대에서 1900년대까지 계속되었다. 따라서 이들의 언어는 오늘날의 미국 영어에 상당한 영향을 미치게 되었다. 오늘날 미국 북부와 서부에서도 r을 발음하는 것을 통해 이들이 미국 영어에 끼친 영향력을 추측할 수 있다.

15.2 미국 영어의 방언

지역에 따라 미국 영어의 방언을 나누는 기준은 과거에는 고립된 어휘에서 찾았으나 현재는 발음에 근거해서 방언 경계를 나누고 있다. 최근 펜실베이니아 대학교의 윌리엄 라보프(William Labov) 교수는 전화를 통한 조사로 얻은 자료를 근거로 연구를 진행하였다. 일명 'Telsur Project'라고 불리었고, 북미 지역을 중심으로 발달하였던 언어적 변화를 조사한 프로그램으로서 이 조사를 토대로 'the Atlas of North American English(ANAE)' 구성이 구축되었다 (https://www.ling.upenn.edu/phono_atlas/home.html 참조). 그 결과에 의하면 미국 전체 지역 방언을 북부방언, 중부방언, 남부방언 그리고 서부방언 4개로 구분하였다.

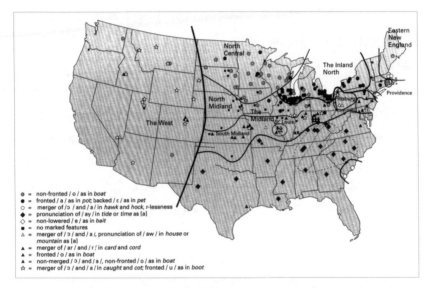

Dialect areas of the United States, based on telephone survey data
(from Labov, Ash, and Boberg 1997)

흥미로운 사실은 현재까지 각종 통신매체의 발달과 빈번한 교류로 인한 각기 다른 방언 지역 간에 끊임없는 접촉에도 불구하고 방언의 경계선은 최초의 영어 사용자들이 미국에 정착한 이후에 구분된 경계선이 큰 변화 없이 유지되고 있다는 사실이다. 특히 북부 방언과 남부 방언의 구분은 뚜렷하고, 음운론 관점에서 볼 때 이들의 차이가 약해지기보다는 오히려 더욱 강화되어 가고 있다. 반면에 중부 방언과 서부 방언은 북부 방언과 남부 방언과는 달리 점차 구분이 약해지고 있다. 따라서 Wolfram(2002: 149)은 Labov와는 달리 미국 영어의 방언을 서부와 중부의 방언을 합쳐 하나의 방언으로 보고 크게 3개로 나눌 수 있다고 주장하고 있다.

The distinction between the North and South is certainly secure and, in some respects, is actually becoming stronger rather than weaker-at least in terms of phonology. In addition, the Midland and West continue to remain less dialectally distinctive than the traditional Northern and Southern dialect areas. Returning, then, to our initial question of how many regional dialects there are in the US, we can now answer with some confidence that there are three major divisions.

(북부 및 남부 방언의 차이가 뚜렷하고, 오히려 더 강하게 나타나는 추세를 보이고 있다. 그리고 중부 및 서부 방언의 차이는 북서부 방언들에 비하여 차이 수준이 많이 줄어들고 있다. 따라서 미국에서 지역에 따라 구분되었던 최초의 방언이 무엇이었는지에 대한 질문으로 다시 돌아간다면 과거 방언지역들과 다르게 세 구역으로 분류해야 할 것이다.)

이는 결국 Bronstein(1960: 66)이 미국 영어의 방언을 동부 방언(Eastern Dialect), 남부 방언(Southern Dialect) 그리고 일반 영어(General English)로 구분한 것과 맥을 같이 한다. 동부 방언은 메인 주에서 코네티컷 주에 걸쳐 뉴욕 시와 보스턴을 중심으로 한 뉴잉글랜드 동부 지방에서 주로 사용하고 있다. 남부 방언은 메릴랜드 주와 버지니아 주에서 켄터키 주와 오클라호마 주에 이르는 지역에서 사용하고 있다. 일반 영어는 북부, 서부, 중부 등 넓은 지역에서 사용되고 있다. 따라서 이 책에서는 가장 넓은 지역에서 많은 사람들이 사용하고 있는 일반 영어를 중심으로 발음을 설명하고자 한다.

미국 영어와 영국 영어 발음의 차이

미국 영어와 영국 영어의 발음에는 많은 차이가 있다. 따라서 우리가 영어발음을 학습하거나 지도할 때 미국 영어발음을 따를 것인가 아니면 영국 영어발음을 따를 것인가가 먼저 선행되어야 한다. 현재 우리나라에서는 미국 영어발음과 영국 영어발음이 섞여 사용되고 있지만 보다 대중화되고 많이 학습되어 지는 발음은 미국 영어발음이다. 예를 들어 우리가 주변에서 어떤 사람이 ask의 첫 모음을 [애]가 아니라 [아]로 발음한다면 그 사람의 발음이 잘못된 것이 아니라 그 사람의 발음이 영국식 발음을 따르고 있다고 이해해야 할 것이다.

16.1 영국식 영어와 미국식 영어의 철자법 특징

철자법에 관하여서 웹스터(Webster, Noah)는 이미 1783년에 『미국 영어 철자법(*The American Spelling Book*)』을 출간하여 미국 영어에는 이론적이며 간단하고 미국적인 철자법이 필요하다고 강조하였다. 미국식 철자법이란 영국 방식을 유지하고 있는 재래식 철자법에 비해 간단하다는 특색을 가지고 있으며 대부분의 경우 단어 어미부분에서 발견된다.

Britain English	American English
-our, -re, -ise	-or, -er, -ize

e.g. (영/미) colour/color   favour-favor   honour-honor

humor-humour

lobour-labor   odour-odor   valour-valor

calibre-caliber   centre-center   fibre-fiber

metre-meter

theatre-theater

criticise/critisize

defence-defense   offence-offense   practice-practise

waggon-wagon   jewellery-jewelry   traveller-traveler

16.2 영국식 영어와 미국식 영어 어휘 특징

어휘는 형태론에서는 단어를 가리키는 것인데 의미상으로는 주로 동물, 사물 또는 현상을 지칭하는 말이다. 영국으로부터 초기 개척 자들이 영국 영토에서 미국 이주하여 거주지를 마련하면서 영국을 비롯한 유럽 지역에서 전혀 보지 못했던 동물이나, 식물 등과 맞닥 뜨리게 되었다.

16.2.1 신종 단어들

미국 이주민들은 자신들이 신대륙에서 마주친 새로운 환경에서의 대상들에 대한 명칭들을 스스로 직접 만드는 방법 대신 이미 미국 대륙에 살고 있던 인디언들로부터 배우면서 명칭을 익혀가게 되었 다. 그래서 초기 정착민들은 영국 영어에는 존재하지 않는 미국 대 륙만을 위한 단어들을 소유하게 되었다.

지형과 관련된 신종 어휘
bluff: 해안 절벽
clearing: (삼림) 개벌
divide: 분수령
foothill: 구릉 지역
gap: 협곡
notch: (산골짜기) 좁은 길
watershed: 분수령

동물 관련 신종 어휘
bullfrog: 식용 개구리
chipmunk: (북미산) 다람쥐
garter snake: 누룩뱀
ground hog: 마멋 (woodchuk)
locust: 매미
moose: 말코손바닥사슴
mudcat: 메기
opossum: 주머니쥐
porgy: 도미류
potato bug(beetle): 감자 딱정벌레
raccoon: 너구리
reed bird: 갈대새
skunk: 스컹크
terrapin: 후미거북 (식용)

식물 관련 신종 어휘
eggplant: 가지나무
hickory: (호두나무과) 나무
live oak: 참나무속 나무
pecan: 피칸 (피칸 파이)
persimmon: 감(나무)
squash: 호박

sweet potato: 고구마(ocarina)
underbush: (나무 밑에 자라는) 덤불

인디언 고유 어휘
canoe: 카누
mackinaw: 격자무늬 담요
moccasin: 밑이 평평한 노루 가죽신
toboggan: 터보건 (썰매)
tomahawk: 인디언 큰 도끼
papoose: 젖먹이나 어린애를 업는 자루
squaw: 인디언 말 (때로는 여자를 가리킴)
wampum: 조가비 구슬 (인디언들이 화폐로 사용)
wigwam: 임시로 건축된 대회장 (정치 집회도 가능)

16.2.2 어휘의 구조와 의미

의미에서는 동일하지만 영국과 미국에서 각각 어휘 모습이 다른
경우인데 때에 따라서는 동일한 모습의 어휘가 다른 의미를 가리키
는 경우도 있다.

≪동일 의미 - 상이 철자≫

Britain English	American English	
petrol	gasoline	연료
lorry	truck	트럭
zevra crossing	crosswalk	건널목
queue	line	줄
boot	trunk(of car)	짐칸
bonnet	hood(of car)	차 앞덮개
single	one-way	일방통로
pram	baby carriage	유모차

aerial	antenna	안테나
flat	apartment	아파트
nappy	diaper	기저귀
bill	check	계산서
trouser	pants	바지
bank note	bill	지폐
ground floor	first floor	일층
first floor	second floor	이층

≪동일 철자 - 상이 의미≫

	Britain English	American English
billion	a thousand million	a million million
dumb	stupid, mute	mute
homely	plain, ugly	domestic
pants	trousers	underpants
pavement	road surface	pedestrian path
school	educational institution	primary and secondary levels
smart	intelligent	intelligent, groomed
nervy	cheeky	nervous
ride	sit on a horse	travel in or on a conveyance
guy	a person dressed strange	man, fellow

16.3 영국식 영어와 미국식 영어의 발음 특징

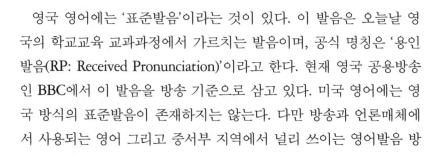

영국 영어에는 '표준발음'이라는 것이 있다. 이 발음은 오늘날 영국의 학교교육 교과과정에서 가르치는 발음이며, 공식 명칭은 '용인발음(RP: Received Pronunciation)'이라고 한다. 현재 영국 공용방송인 BBC에서 이 발음을 방송 기준으로 삼고 있다. 미국 영어에는 영국 방식의 표준발음이 존재하지는 않는다. 다만 방송과 언론매체에서 사용되는 영어 그리고 중서부 지역에서 널리 쓰이는 영어발음 방식을 통괄하여 표준어로 여기고 있으며, 명칭은 '일반 미국 영어 (GA: General American)'라고 한다.

미국 영어와 영국 영어의 발음에는 많은 차이가 있다. 리듬 (rhythm)과 억양(intonation)에 차이가 있어서 영국인들은 간결성을 풍기는데, 미국인들은 느리고 완만한 느낌을 준다. 따라서 우리가 영어발음을 학습하거나 지도할 때 미국식 발음을 따를 것인가 아니면 영국식 발음을 따를 것인가가 먼저 선행되어야 한다. 현재 대한민국에서 영어발음 교육을 실시하는 경우에 미국식 발음과 영국식 발음이 혼용되어 있는 상태이지만, 보다 대중화되고 많이 학습되는 발음은 미국식 방식이다. 예를 들어 주변을 보면 ask 발음의 시작이 주로 [애]를 사용하고 있고, 영국식에서 많이 들을 수 있는 [아] 발음 빈도수가 적은 경우를 보면 알 수 있다.

16.3.1 영국식 영어와 미국식 영어의 모음 성격

미국식 영어에서는 영국식 영어에 비해 모음의 조음 영역이 더 좁아지게 되어 혀를 뒤로 더 당기고 후설 부분과 연구개 사이의 간격이 더 좁아졌다.

	영국식 영어	미국식 영어
bid, mirror	/ɪ/	/ɪ/
bed, merry	/ɛ/	/ɛ/
bad, Mary	/æ/	/æ/
pot, cough	/ɔ/	/ɑ/
putt, hurry	/ʌ/	/ʌ/
paw, port	/ɔ:/	/ɔ/

16.3.2 철자 a를 갖고 있는 단어들 ●●●●

철자 a를 갖고 있는 단어들에 있어서 영국식 발음은 /ɑ/이지만 미국식 발음은 /æ/이다. 그러나 'chance/charm', 'band/barn', 'can/car' 등에서는 미국식 영어에서도 /r/ 자음 앞에서는 /æ/ 발음이 나타나지 않는다.

단어	미국식 발음		영국식 발음	
ask	[æsk]	[애스크]	[ɑsk]	[아스크]
dance	[dæns]	[댄스]	[dɑns]	[단스]
half	[hæf]	[해프]	[hɑf]	[하프]
can't	[kænt]	[캔트]	[kɑnt]	[칸트]
plant	[plænt]	[플랜트]	[plɑnt]	[플란트]

16.3.3 음절초에 치경자음을 갖고 있는 자음들 ●●●●

음절초에 치경자음 /t, d, n/이 오고 그 다음에 /uw/로 소리 나는 u, ew, eu 철자가 오면 영국식 발음에서는 자음과 모음 사이에 /y/를 첨가하여 /yu/로 발음되지만 미국식 발음에서는 그냥 /u/로 영어발음 지도. 또한 치경자음 /l, s, z/가 음절초에 오고 그 다음에 u, ew, eu 철자가 오면 미국식 발음은 여전히 /u/로 되지만 영국식 발음에서는 /u/와 /yu/ 양쪽 모두가 사용된다.

단어	미국식 발음		영국식 발음	
tune	[tuwn]	[투운]	[tyu:n]	[튜운]
duke	[duwk]	[두우크]	[dyu:k]	[듀우크]
news	[nuws]	[누우스]	[nyu:s]	[뉴우스]
lewd	[luwd]	[루우드]	[lyu:d]	[류우드]

suit	[suwt]	[수우트]	[syu:t]	[슈우트]
Zeus	[zuws]	[주우스]	[zyu:s]	[쥬우스]

16.3.4 철자 er을 가진 단어나 이름

철자 'er'이 포함된 단어나 이름에서 영국식 발음은 /ɑr/로 발음되지만 미국식 발음에서는 /ər/로 발음된다.

단어	미국식 발음	영국식 발음
clerk	[klərk]	[klɑrk]
derby	[dərbi]	[dɑrbi]
Kerr	[kər]	[kɑr]

16.3.5 철자 -ile로 끝나는 단어

철자 '-ile'로 끝나는 단어들은 영국식 발음에서는 /ail/로 발음되지만 미국식 발음에서는 /əl/이나 [l]로 발음된다.

단어	미국식 발음	영국식 발음
hostile	[hɑstəl]	[hɑstail]
futile	[fjuwtəl]	[fjuwtail]
tactile	[tæktəl]	[tæktail]
docile	[dɑsəl]	[dɑsail]
missile	[misəl]	[misail]

16.3.6 /r/ 발음의 차이

미국 영어와 영국 영어발음의 차이를 가장 잘 보여주는 것 중의 하나가 /r/의 발음이다. 미국 영어에서는 park, car에서처럼 모음 뒤에 /r/이 오는 경우에 각각 [pɑrk], [kɑr]처럼 /r/을 발음한다. 그러나 영국 영어발음에서는 /r/을 발음하지 않고 각각 [pɑ:k], [kɑ:]처럼 발음한다.

단어	미국식 발음	영국식 발음
sport	[spɔrt]	[spɔ:t]
bird	[bərd]	[bə:d]
first	[fərst]	[fəst]
car	[kɑr]	[kɑ:]
park	[pɑrk]	[pɑ:k]

16.3.7 기타 단어들

위에서 살펴 본 단어 이외에도 우리가 일상생활에서 흔히 접하는 단어들의 발음 차이가 있다. 다음을 살펴보자.

단어	미국식 발음	영국식 발음
either	[iyðər]	[aɪðər]
neither	[niyðər]	[naɪðər]
leisure	[liyʒər]	[lɛʒə]
vase	[veys]	[vɑ:z]
ate	[eyt]	[ɛt]
herb	[ərb]	[ərb]
schedule	[skɛdʒəl]	[ʃɛdyu:l]
tomato	[təmeyto]	[təmɑto]

16.3.8 /t/발음의 차이

/t/가 모음과 모음 사이에 오고 앞에 모음에 강세가 있을 때 /t/는
탄설음 [D] 혹은 [R]로 바뀌는 현상은 미국식 발음의 또 하나의 특
징이다. 예를 들어 city, water, letter, latest, forty, party에서 알 수
있듯이 미국 영어에서는 /t/가 [D] 혹은 [R]로 탄설음화 된다. 또한
twen(t)y, San(t)a Ana, win(t)er, in(t)ernet 등에서 알 수 있듯이 /t/가
/n/ 뒤에 오고 강세가 앞에 있는 음절에 있을 때 /t/를 생략하여 발음
한다. 영국식 발음에서는 /t/의 탄설음화나 생략이 일어나지 않고 그
대로 발음된다.

16.3.9 단어 강세의 차이

16.3.9.1 -ate로 끝나는 단어
'-ate'로 끝나는 단어의 경우 미국 영어에서는 어근에 강세가 오지
만 영국 영어에서는 접미사 '-ate'에 강세가 온다. 다음 예에서 영어
철자 표시로서 대문자 부분은 강세가 위치한 부분을 가리킨다.

미국식 발음	영국식 발음
DICtate	dicTATE
ROtate	roTATE
VIBrate	viBRATE

16.3.9.2 불어에서 온 단어
불어에서 온 단어의 경우 미국 영어에서는 강세를 끝에 두어 불어
식으로 강세를 주지만 영국 영어에서는 첫 번째 음절에 강세를 준다.

미국식 발음	영국식 발음
garAGE	GARage
fronTIER	FRONtier
cabeRET	CABaret

16.3.9.3 -ily로 끝나는 단어

'-ily'로 끝나는 다음절 단어의 경우 영국 영어에서는 주 강세를 첫 음절에 주지만 미국 영어에서는 세 번째 음절에 준다. 이 때 영국 영어에서는 세 번째 음절을 생략하거나 약화시켜 5음절의 경우 4음절로 발음을 한다.

단어	미국식 발음	영국식 발음
customarily	/kʌstəmɛrəli/	/kʌstəm(ə)rlɪ/
momentarily	/mowməntɛrəli/	/məʊmənt(ə)rəlɪ/
necessarily	/nɛsəsɛrəli/	/nɛsəs(ə)rəlɪ/
ordinarily	/ɔdɪnɛrəli/	/ɔdɪn(ə)rəlɪ/
voluntarily	/vɑlətɛrəli/	/vɑlət(ə)rəlɪ/

16.3.9.4 -ary, -ery, -ory로 끝나는 단어

'-ary, -ery, -ory'로 끝나는 단어의 경우 미국 영어에서는 끝에서 두 번째 음절에 강세를 주지만 영국 영어에서는 오히려 끝에서 두 번째 음절을 생략하는 경향이 있다.

단어	미국식 발음	영국식 발음
necessary	/nɛsəsɛri/	/nɛsəsri/
monastery	/mɑnəstɛri/	/mɑnəstri/
testimony	/tɛstəmowni/	/tɛstəməni/

16.3.9.5 -day로 끝나는 단어

요일을 나타내는 '-day'로 끝나는 단어들의 경우 영국 영어에서는 '-day'에 강세를 주지 않고 모음을 약화시켜 [dɪ]로 발음되지만, 미국 영어에서는 약하지만 완전모음으로 발음되고 강세를 받아 [dey]로 발음된다.

단어	미국식 발음	영국식 발음
Sunday	/sʌndey/	/sʌndɪ/
Monday	/mʌndey/	/mʌndɪ/
Tuesday	/tuwzdey/	/tyuːzdɪ/
Wednesday	/wɛnzdey/	/wɛnzdɪ/
Thursday	/θ3rzdey/	/θ3ːzdɪ/
Friday	/fraydey/	/fraɪdɪ/
Saturday	/sætərdey/	/sætərdɪ/

16.3.9.6 -aster/-ester 그리고 -ham/-wood로 끝나는 지명

'-aster/-ester'로 끝나는 지명의 경우 미국 영어에서는 첫째 음절에 주 강세가 오고 둘째 음절에 약 강세를 주지만 영국 영어에서는 첫째 음절에만 강세가 오고 둘째 음절에는 강세가 오지 않는다. 그리고 '-ham/-wood'로 끝나는 지명의 경우 미국 영어에서는 마지막 음절에도 강세가 오지만 영국 영어에서는 첫째 음절에만 강세가 와서 결과적으로 강세가 없는 '-ham'의 /h/는 탈락된다.

단어	미국식 발음	영국식 발음
Lancaster	/læŋkæstər/	/læŋkəstə/
Rochester	/rɑtʃɛstər/	/rɑtʃəstə/
Buckingham	/bʌkɪŋhæm/	/bʌkɪŋəm/
Hollywood	/hɒlɪwʊd/	/hɒlɪwəd/

16.3.9.7 기타 강세 차이 단어들
음절수는 동일하지만 다음과 같이 강세 패턴이 다른 단어들이 있다.

a. 미국 영어 - 첫 번째 음절에 강세; 영국 영어 - 두 번째, 세 번째 음절

address(명사)	ancillary	cigarette	corollary	dictate(동사)
donate	inquiry	research(명사)	romance	
spectator	translate	vibrate		

b. 미국 영어 - 두 번째, 세 번째 음절; 영국 영어 - 첫 번째, 두 번째 음절

aristocrat	attach	ballet	baton	beret	cabaret
cafe	chagrin	complex(형용사)	crochet	debris	
elongate	frontier	harass(동사)			

16.4 문장 강세의 차이

미국식 영어와 영국식 영어의 문장 강세의 차이는 분명하지는 않다. 그렇지만 yes/no로 답을 유도하는 의문문에서 영국식 영어는 조동사에 약한 강세를 주지만 미국 영어에서는 강세를 주지 않는다.

영국 영어:　Will you be at the party?

미국 영어:　Will you be at the party?

16.5 억양의 차이

영국 영어와 미국 영어의 억양의 차이는 두드러지게 나타나고 있

다. 영국 영어는 문장을 시작할 때 높이가 미국 영어보다 높게 시작해서 점차적으로 하강하다가 문장의 마지막 음절에서 미끄러지듯 내려간다. 그러나 미국 영어는 문장을 시작할 때 보다 작은 상승하강조로 시작해서 중간 높이를 유지하다가 문장의 마지막 음절에서 두드러진 상승하강조로 문장을 마친다. 다시 말해서 영국 영어는 억양의 변화가 크며 말소리의 폭이 높은 곳에서 낮은 곳으로 계단식으로 이동한다. 그러나 미국 영어는 발화가 끝날 때까지 변화가 적은 중간 음조를 유지하고 있어 단조롭게 들린다.

(a)　　영국 영어: It's not quite the right shade of blue.

　　　　미국 영어: It's not quite the right shade of blue.

(b)　　영국 영어: Are you sure?

　　　　미국 영어: Are you sure?

참고문헌

Allen, V. F. (1971). Teaching pronunciation: From theory to practice. *TESOL Quarterly*, 5(1), 73-81.

Asher, J. & Garcia, R. (1969). The optimal age to learn a foreign language. *Modern Language Journal* 8.

Ausubel, D. (1964). Adults vs children in second language learning: Psychological considerations. *Modern Language Journal* 48, 420-424.

Avery, P. & Ehrlich, S. (1992). *Teaching American English Pronunciation*. Oxford: Oxford University Press.

Avery, P., Ehrlich, S., & Jull, D. (1992). Connected speech. In P. avery & S. Ehrlich. (Eds.), *Teaching American English Pronunciation* (pp. 73-90). Oxford: Oxford University Press.

Baker, A. (2000). *Introducing English pronunciation*. Cambridge: Cambridge University Press.

Birds, L. (1986). What is whole language in "Dialogue." In D. Jacobs(Ed.). Teachers networking: the whole language newsletter, 1(1). New York: Richard C. Owen, 4.

Bowen, J. D. (1972). Contextualizing pronunciation practice in the ESOL classroom. *TESOL Quarterly*, 6(1), 83-94.

Brontein, A. J. (1960). *The pronunciation of American English: An intronduction to phonetics*. New York: Appleton-Century-Crofts, Inc.

Catford, J. C. (1987). Phonetics and the teaching of pronunciation. In J.

Morley (Ed.) *Current perspectives on pronunciation: Practices anchored in theory* (pp. 83-100). Alexandria, VA: TESOL.

Celce-Murcia, M. Brinton, D. & Goodwin, J. (2002). *Teaching pronunciation.* Cambridge: Cambridge University Press.

Celce-Murcia, M. & Goodwin, J. (2001). Teaching pronunciation. In M. Celce-Murcia (Ed.), *Teaching English as a second or foreign language*, 3rd ed. (pp. 136-153). New York: Newbury House.

Chomsky, N., & Halle, M. (1968). *The sound pattern of English.* New York: Harper & Row.

Clark, J. & Yallop, C. (1992). *Phonetics and Phonology.* Blackwell : Oxford UK & Cambridge USA.

Cook, A. (2000). *American Accent Training.* New York: Matrix Press.

Dalton, C. & Seidlhofer, B. (1994). *Pronunciation.* Oxford: Oxford University Press.

Diamond, M. C. (1988). *Enriching heredity: The impact of the environment on the anatomy of the brain.* New York: Free Press.

Fromkin, V. and R. Rodman (1993). *An Introduction to Language.* Fort Worth : Harcourt Brace Jovanovich Inc.

Giegerich, H. J. (1992). *English Phonology.* Cambridge : CUP.

Gilbert, J. B. (1993). *Clear speech*: Pronunciation and listening comprehension in North American English, Student's Book, 2nd ed. Cambridge: Cambridge University Press.

Goodwin, J. (2001). Teaching pronunciation. In M. Celce-Murcia (Ed.), *Teaching English as a second or foreign language*, 3rd ed. (pp. 117-137). MA: Heinle & Heinle.

Fathman, A. (1975). The relationship between age and second language productive ability. *Language Learning*, 25.

Goodman, K. (1986). *What's whole in whole language?* Portsmouth, NH: Heinemann.

Gyeonghee No. (1999). Beginning Reading in EFL: An Integrated Approach. *English Teaching*, 54(4), 27-48.

Hahn, Thich Nhat. (2001). *Anger.* Berkley Pub Group.

Harste, J. C. & C. L. Burke. (1977). A new hypothesis for reading teacher education research: Both the teaching and learning of reading are theoretically based. In p. HD. Pearson (ed). *Reading: Research, Theory, and Practice: Twenty-sixth Yearbook of the National Reading Conference*. Chicago: National Reading Conference.

Hecht, E., & Ryan, G. (1979). *Survival pronunciation: Vowel contrasts. Hayward*, CA: Alemany Press.

Hyman, L. (1975). *Phonology: Theory and Analysis*. Holt, Rinehart and Winston : New York.

Jones, D. (1957). *An Outline of English Phonetics*. Cambridge : W. Heffer and Sons Ltd.

Jull, D. (1992). Teaching pronunciation: An inventory of techniques. In P. Avery & S. Ehrlich. (Eds.), Teaching American English pronunciation (pp. 207-214). Oxford: Oxford University Press.

Katamba, F. (1989). *An Introduction to Phonology*. Longman Group UK Limited.

Kenworthy, J. (1987). *Teaching English pronunciation*. London: Longman.

Krashen, S. D. (1973). Lateralization, language learning, and the critical period: Some new evidence. *Language Learning*, 23, 63-74.

Krashen, S. D. & Selieger, H. (1975). The essential characteristics of formal instruction, *TESOL Quarterly* 9.

Ladefoged, P. (1993). *A Course in Phonetics*. New York : Harcourt Brace Jovanovich, Inc.

Laver, J. (1994). *Principles of Phonetics*. Cambridge University Press.

Lenneberg, E. (1967). *Biological foundations of language*. New York: Wiley.

Liberman, P., & Blumstein, S. E. (1988). *Speech physiology, speech perception, and acoustic phonetics*. Cambridge: Cambridge University Press.

Mason, J. M. & Au, K. H. (1986). Reading instruction for today. Glenview, IL: Scott, Foresman.

Massaro, D. M. (1987). *Speech perception by eye and ear: A paradigm for psychological inquiry*. Hillsdale, NJ: Lawrence Erlbaum.

Morely, J. (1991). The pronunciation component in teaching English to speakers of other languages. *TESOL Quarterly*, 25(3), 481-520.

Nilsen, D. L., & Nilsen, A. P. (2002). *Pronunciation contrast in English*. New York: Regents.

Olson, L. & Samuels, J. (1973). The relationship between age and accuracy of foreign language pronunciation. *Journal of Educational Research* 66.

Orion, G. F. (1997). *Pronouncing American English*. (2nd Edition). Heinle & Heinle Publishers.

Oyama, S. (1976). A sensitive period for the acquisition of a nonnative phonological system. *Journal of Psycholinguistic Research*. 5(13), 276-285.

Pennington, M. C. (1989). Teaching pronunciation from the top down. *RELC Journal*. 20(1), 20-38.

Pennington, M. C. (1996). *Phonology in English Language Teaching*: An International Approach. Essex: Addison Wesley Longman Ltd.

Rosansky, E. J. (1975). The critical period for the acquisition of language: some cognitive development considerations, *Working Papers on Bilingualism* 6.

Schane, S. A. (1973). *Generative Phonology*, Prentice-Hall, Inc.

Schumann, J. H. (1986). Research on the acculturation model for second language acquisition. *Journal of Multilingual and Multicultural Development*, 7(5), 379-392.

Sloat, C. Taylor, Sharon H. and James E. Hoard, eds. (1978). *Introduction to Phonology*. Eaglewood Cliffs, N. J. : Prentice-Hall.

Trager, G. L., & Smith, H. L. (1957). *An outline of English structure*. 4th printing. Washington: American Council of Learned Societies.

Weaver, C. (1994). Reading process and practice. Portsmouth, NH: Heinemann.

Wong, R. (1987). *Teaching pronunciation: Focus on English rhythm and intonation*. Eglewood Cliffs, NJ: Prentice Hall Regents.

Yule, G., Hoffman, P., & Damico, J. (1987). Paying attention to pronunciation: The role of self-monitoring in perception. *TESOL*

Quartely 21(4), 765-768.

김영석. (1991). 『영어음운론』. 서울: 한신문화사.

김정렬. (1998). 「의사소통식 초등영어 발음 지도」. 『초등영어교육』 4(1), 111-133.

김형엽. (2012). 『언어의 역사』. 서울: 한울아카데미.

김형엽·김현진·이현구. (2002). 『언어, 그 신비로운 세계』. 서울: 경진문화사.

김형엽·이현구·오관영. (2019). 『언어의 산책』. 서울: 글로벌콘텐츠.

박경자 외. (1998). 『영어교육입문』. 서울: 박영사.

박경자·강복남·장복명. (1994). 『언어교수학』. 서울: 박영사.

배두본. (1999). 『초등학교 영어 교육』. 서울: 한국문화사.

이용재. (1996). 『영어음성학』. 서울: 고대출판부.

이현구. (1990). 「음절과 영어의 음운분석」. 고려대학교 석사학위논문.

이현구. (1997). 『현대영어학의 이해』. 서울: 백산출판사.

이현구. (2001). 「EFL환경에서의 아동을 위한 효과적인 영어발음 지도」. 『나사렛논총』 제7호, 263-284.

이홍수. (2000). 「EFL학습자를 위한 효과적인 Phonics 연구」, 『영어교육연구』 12, 83-112.

전상범. (1982). 『생성음운론』. 서울: 탑출판사.

전상범. (1993). 『영어음성학』. 서울: 을유문화사.

정국. (1994). 『생성음운론의 이해』. 서울: 한신문화사

조성식 외. (1990). 『영어학 사전』. 서울: 신아사.

하광호. (1996). 『영어의 바다에 헤엄쳐라』. 서울: 에디터.

한종임. (2001). 『영어음성학과 발음지도』. 서울: 한국문화사

한학성. (2001). 『한국인을 위한 영어발음교과서』. 서울: 테스트뱅크이십일닷컴.

정답

Lesson 3.2.1

D. Once there was a very hungry (fox). He saw some (fine) grapes hanging above from a vine. He tried (jumping) up, but he couldn't reach the grapes. Finally, he became (furious) and gave up. As he left, the fox said, "I didn't really want those grapes. They were (probably) sour!"

Lesson 3.2.2

C. 1. You can not (vend) those here.
2. The accident was on the (curve).
3. Do you want the (biking)?
4. Don't use that for the (vase).
5. When I saw him I (bowed) to him.

Lesson 3.2.3

C. 1. Our (fan) is in the car.
2. Only a (few) can see this book.
3. I have grown grapes of the (vine).
4. Did you ride (ferry)?
5. The (vase) is very heavy.

Lesson 3.2.4

C. 1. Do you have the (time) to read?
2. I need the (cart) to carry boxes.
3. The police (tie) his hands to arrest.
4. Can you pay at the (toll)?
5. He seemed a little (tense).

D.

Save Money and the **Shirt** on Your Back

Get a $75 **rebate** when you purchase a qualified WashWise energy and **water**-saving clothes washer. These machine are **gentle** on your **wallet** with big savings in energy and **water** use. Plus they cause less wear and **tear** on your clothes while cleaning them **better**, meaning **potential** savings on your clothing allowance as well.

For a **rebate** form, **list** of qualified machines or for more information, ask your local **retailer** or call (206) 684-SAVE. WashWise is sponsored by The Saving **Water Partnership**.

* The machine **must** be   **installed** in a home in the service area.

WWW.SAVINGWATER.ORG   (206) 684-SAVE (684-7283)

Lesson 3.2.5

C. 1. I think the weather will be (cold).
  2. He is going to put the book in the (bag).
  3. Peggy is going to the (game).
  4. There's a big (bug) on the rug.
  5. There's a (snack) in the box.

Lesson 3.2.6

C. 1. It's not fair to (doze) in class.
  2. They (soothe) him.
  3. The animal (breed) quickly.
  4. My friends (loathe) me.
  5. They (bathe) in the fresh sunbeam.

D.

> People who are proficient in **the** Chinese language are needed to work at polling sites in Chinatown/International District and **the** 11th and 37th districts **this** fall. **These** workers will be able to assist Chinese community members as **they** vote in **this** fall's elections.
> **This** recruitment effort works toward fulfilling **the** bilingual provision of the federal Voting Rights Act, which requires **that** counties offer ballots in Chinese if 5 percent of the voting-age Chinese population indicates **that they** speak English "less **than** very well" on **the** Census.

Lesson 3.2.7

C. 1. Be<u>th</u> is <u>c</u>ertain to <u>sh</u>ow you the <u>s</u>ailors from the <u>sh</u>ip.
   2. <u>C</u>indy <u>s</u>ells <u>sea</u><u>sh</u>ells by the <u>sea</u><u>sh</u>ore.
   3. Mi<u>ss</u> <u>S</u>mi<u>th</u> <u>s</u>aw a mou<u>s</u>e in the pa<u>th</u>.

Lesson 3.2.8

C. 1. Can you (show) the computer for me?
   2. How many (clashes) have the nations had along the border?
   3. The student had much (shame) due to the test.
   4. (Sea) looks very wide today.
   5. She (shells) peas for cooking.

D.

> It is not a mere political farce for three lawmakers to demand that they be ousted from their own party ahead of the upcoming **presidential election**. That speaks volumes about the state of Korean politics, too, as does the actual **defection** of lawmakers in droves.
>
> The lawmakers **wish** to jump what they, like many other fellow lawmakers deserting the Millennium Democratic Party, now regard as a sinking **ship**. Unfortunately for them, their freedom of choice in party **affiliation** is severely restricted because they were elected not by popular vote but under the party's **proportional representation**.

Lesson 3.2.9

C. 1. They are (raising) dogs.
   2. Look at her (knees).
   3. They hear the (voice).
   4. They grab the (spies)
   5. She is (zipping) her mouth.

D.

> It is not a mere political **farce** for three lawmakers to demand that they be **ousted** from their own party ahead of the upcoming presidential election. That **speaks** volumes about the **state** of Korean **politics**, too, as does the actual defection of lawmakers in droves.
> The lawmakers wish to jump what they, like many other fellow lawmakers deserting the Millennium Democratic Party, now regard as a **sinking** ship. Unfortunately for them, their freedom of **choice** in party affiliation is **severely restricted** because they were elected not by popular vote but under the party's proportional representation.

Lesson 3.2.10

D. 1. [ʤ]: job, juice, Jesus, journey, jazz, John, joy, joint, jacket, gentleman
   2. [z]: zero, zone, zoo, scissor, zipper, puzzle, cheese, design
   3. [ʒ]: casual, usually, television, garage, occasion, pleasure, decision

Lesson 3.2.11

B. 1. /ʧ/: church, chill, chicken, choc, chess, reach, torch, coach, such
   2. /ʤ/: jam, jocks, hinge, just, larger, judge, jungle

Lesson 3.2.12

C. 1. It is (not) a (lot).
   2. That's a (file) cabinet.
   3. Have you (seen) a (seal)?
   4. My (niece) has the (lease).
   5. It is the dog's (bowl).

D.

> Age **difference**
>
> Dear **Ann Landers**: My 6-year-old **niece** is a lovely, bright and **personable** child. The problem is that "**Penny**" is extremely overweight. My mother is **downright** cruel to her, calling her "Tubby" and "Fatso." Just last week, Mom said **Penny** is not welcome in her home because she might break the chairs. My mother is **75** years old, and her other **grandchildren** are all **grown** adults. She has had her **own** weight problems in the past **and** ought to **know** better **than** to **torment** this 6-year-old child. I have asked my mother to stop torturing **Penny**, but Mom says, "She has to lose weight. I'm doing this for her **own** good."

Lesson 3.2.13

C. 1. Don't step on the (glass).
2. It is high (road).
3. They look at the red (flame).
4. Please put this on your (wrist)
5. Let's (play) in the ground.

Lesson 3.2.14

C. 1. I like this (curler) for my hair.
2. Look at the (gull) over the sea.
3. They put this (word) for the phrase.
4. Did you buy (pearl) for your wife?
5. The (bird) flies in the sky.

Lesson 4.1.1

C. 1. She pointed to the (ship) near the island.
2. They are (leaving) for the foreign country.
3. Don't (sleep) on the subway platform.
4. Those (bins) are for (beans).
5. He likes a (keen) knife for cooking.

Lesson 4.1.2

C. 1. Can you (test) it for the class?
   2. They want to (sail) the boat.
   3. He likes to play (chess).
   4. She has too many (dates) for the weekend.
   5. The (pest) is fatal.

Lesson 4.1.3

B. 1. She put the (pen) in the drawer.
   2. They (laughed) seeing the TV show.
   3. Don't (pat) on his shoulder.
   4. John will (bat) the ball.
   5. He found the (kettle) in her kitchen.

C.

/ɛ/	/æ/
Ed	sad
wreck	band
ped	gas
net	than
penned	lag
tend	shall
lend	ban
send	can
end	bag
set	dance
	ham

Lesson 4.1.4

C. 1. He said they (cooed) toward the birds.
2. It (stood) all day.
3. They are (pulling) the line.
4. He filled the box (full).
5. I like the black (suit).

D.

	/uw/	/ʊ/
1. book		√
2. boot	√	
3. put		√
4. cook		√
5. two	√	
6. who	√	
7. would		√
8. food	√	
9. took		√
10. school	√	

Lesson 4.1.5

C. 1. She raises a (hog).
2. That's my (luck) to meet Jane.
3. He (caught) the apple.
4. Is it (dawn) yet?
5. My (boss) was two hour late.

2. 1. /a/
    2. /ʌ/
    3. /ʌ/
    4. /a/
    5. /ʌ/
    6. /a/

Lesson 5.1.1

C. 1. He bought a (pen) and a (postcard) and (pin)
    2. Could you tell us the (time), please?
    3. It's exactly (twenty two) minutes (to ten).
    4. She is in (bed) with a (cold).
    5. (Keep) valuables under lock and (key).

Lesson 5.3

C. 1. Get out of here.
    2. Write it.
    3. He hit it.
    4. They got all the money.
    5. He can't seem to get over this cold.

Lesson 5.5

B. 1. Put the toy (cab) in your suitcase.
   2. This is my favorite (pub) to visit.
   3. I was frightened by the (news).
   4. I can see a (white) line on the pavement.
   5. We will soon have some (peas) in the house.

Lesson 6.2

A. 1. ease   VC
   2. called   CVCC
   3. focus   CVCVC
   4. happy   CVCV
   5. analysis   VCVCVCVC

B. 1. CCCVC ---------- strut, squat, sprain
   2. CCVCC ---------- brand, trains, swings
   3. CVC   ---------- bed, set, pin, cap
   4. CVCCC ---------- thirsts, text, worlds
   5. VCC   ---------- old, and, ink
   6. VC   ---------- up, an, in
   7. V   ---------- a

Lesson 6.3.1

A. 1. radio   2
    2. beautiful   3
    3. cucumber   3
    4. friendly   2
    5. choose   1
    6. through   1
    7. thorough   2
    8. banana   3
    9. hamburger   3
    10. beef   1

C. 1. I go shopping.   4
    2. How much do I owe you?   6
    3. What kind of dressing would you like?   8
    4. I go to bed late when I have homework.   10
    5. I have a brother. He's a college student.   11

Lesson 6.3.3

A.

Present tense	Past tense	Syllables
wait	waited	2
rent	rented	2
need	needed	2
watch	watched	1
close	closed	1
plant	planted	2
visit	visited	3
talk	talked	1
laugh	laughed	1
arrange	arranged	2

B. 1. colleges   3
    2. parades   2
    3. mixes   2
    4. trades   1
    5. ices   2
    6. pleases   2
    7. completes   2

Lesson 6.4

A.

	〈음운표기〉	〈음성표기〉	〈음절 수〉
1. button	bʌtən	bʌtn	2
2. able	eybəl	eybl	2
3. bottle	bɑtəl	bɑtl	2
4. rhythm	riyðəm	riyðm	2
5. devil	dɛvəl	dɛvl	2

C. 1. (9)
   2. (8)
   3. (6)
   4. (10)
   5. (10)

Lesson 7.5.4

A. 1. perspiration
   2. chemical
   3. cosmetic
   4. maturity
   5. refugee
   6. Portuguese
   7. volunteer
   8. university
   9. alcoholic
   10. antique

Lesson 9.7

B. Brian: (What are you) doing here?
   Ken: I am drinking water.
   Brian: Ken, (what are you) doing this Saturday?
   Ken: Nothing special. (What do you) have in mind?
   Brian: Basketball. (What do you) think?
   Ken: It sounds like fun!

Lesson 9.8

C. News 청취 따라잡기

A (team of) expert climbers, just back from the Himalayas, says global warming is becoming (one of) the biggest threats to mountain areas. The team hopes to raise public (awareness of) the growing threats from climate change.

The seven mountaineers gathered first-hand accounts from Buddhist monks as well as local people and other travelers.

And (one of) the expedition leaders, he says conditions on the mountain are much warmer and wetter than they were 50 years ago Mr. Payne said climbers are not the only ones who have noticed the change in the Himalayas. e says local people told him floods from melting glaciers are becoming more frequent.

저자소개

지은이 **김형엽**은 고려대학교 대학원 영어영문학과에서 영어학(음성/음운론 전공)으로 석사학위를 받고, 미국 일리노이대학교에서 언어학으로 박사학위를 취득하였다. 국제언어인문학회 총무이사와 현대영어교육학회 회장을 역임하였으며, 현재 고려대학교 글로벌대학 영미학전공 교수로 재직 중이다.

지은이 **이현구**는 고려대학교 대학원 영어영문학과에서 영어학(음성/음운론 전공)으로 박사학위를 취득하고, 시애틀에 있는 University of Washington 언어학과의 객원교수를 역임하였다. 2000년대 현대영어교육학회를 창립 및 회장을 역임했다.